어제보다 나은
나를 위하여

어제보다 나은 나를 위하여

발행일   2025년 4월 29일

지은이   김경우, 김선영, 김용화, 김진주, 문숙정, 손수연, 원미란, 유연옥, 윤현호, 전수은
펴낸이   손형국
펴낸곳   (주)북랩
편집인   선일영   편집   김현아, 배진용, 김다빈, 김부경
디자인   이현수, 김민하, 임진형, 안유경, 신혜림   제작   박기성, 구성우, 이창영, 배상진
마케팅   김회란, 박진관
출판등록   2004. 12. 1(제2012-000051호)
주소   서울특별시 금천구 가산디지털 1로 168, 우림라이온스밸리 B동 B111호, B113~115호
홈페이지   www.book.co.kr
전화번호   (02)2026-5777   팩스   (02)3159-9637

ISBN   979-11-7224-585-6 03190(종이책)   979-11-7224-586-3 05190 (전자책)

(주)북랩 성공출판의 파트너

북랩 홈페이지와 패밀리 사이트에서 다양한 출판 솔루션을 만나 보세요!

홈페이지 book.co.kr   •   블로그 blog.naver.com/essaybook   •   출판문의 text@book.co.kr

작가 연락처 문의 ▸ ask.book.co.kr

작가 연락처는 개인정보이므로 북랩에서 알려드릴 수 없습니다.

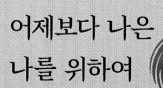

나는 이렇게 자기 계발합니다

어제보다 나은
나를 위하여

김경우
김선영
김용화
김진주
문숙정
손수연
원미란
유연옥
윤현호
전수은
　지음

북랩

들어가는 글

　이 책을 펼쳐 든 독자 여러분께 진심으로 환영과 감사를 전합니다.

　『어제보다 나은 나를 위하여』라는 제목에서 우리는 이미 하나의 약속을 볼 수 있습니다. 이 책을 손에 든 당신은 분명 어제의 자신보다 조금 더 나아지길 바라는 간절한 마음을 품고 있을 것입니다. 삶은 언제나 크고 작은 도전들로 가득 차 있습니다. 우리는 때로는 좌절하고, 때로는 벽에 부딪히지만, 다시 일어나 더 나은 내일을 향해 나아갑니다. 이 책은 그런 우리 모두를 위한 이야기입니다.

　이 책은 혼자만의 이야기가 아니라 열 명의 작가들이 자신만의 소중한 이야기를 담아 공저로 탄생한 특별한 책입니다. 각기 다른 환경과 경험, 그리고 가치관을 가진 열 명의 작가들이 한마음으로 모여 서로의 이야기를 나누고 함께 성장하는 과정에서 탄생하였습니다. 특별히 이 의미 있는 여정은 송주하글쓰기아카데미의 송주하 대표님과의 만남을 통해 가능했습니다. 송주하 작가님은 언제나 진심을 다해 열정적으로 수업을 이끌어 주시고, 글쓰기가 낯선 작가 한 사람 한 사람에게 깊은 애정과 세심한 코칭으로 용기와 자신감을 심어주었습니다. 그 덕분에 저를 포함한 열 명의 작가들이 각자 바쁜 삶 속에서도 소중한 글을 완성하여 이렇게 세상에 내놓을 수 있었습니다.

저 또한 이번 공저 5기의 한 사람으로서 제 인생을 돌이켜보고 글을 쓰는 과정을 통해 내면 깊이 숨어있던 나 자신을 발견하고 돌아보는 시간을 가졌습니다. 나에게 자기 계발이란 단지 나 자신만의 변화가 아니라, 나를 둘러싼 소중한 사람들과 함께 성장하고 나아가는 과정임을 이번 책을 준비하며 다시 한번 깊이 깨닫게 되었습니다.

돌이켜보면 나의 삶은 결코 순탄하지 않았습니다. 어린 시절의 가정환경과 사랑하는 오빠의 이른 죽음으로 인해 삶의 의미를 찾기 힘들었던 순간도 있었습니다. 그러나 힘든 시간을 이겨낼 수 있었던 것은 끊임없는 자기 계발과 배움에 대한 열정 때문이었습니다. 여행사 일을 시작으로, 대학 진학, 강의와 컨설팅 업무를 병행하면서 끊임없이 배움을 이어갔고, 그 과정에서 만난 사람들과의 소중한 인연이 내 삶을 변화시키는 힘이 되었습니다. 내가 변화하고 성장할 수 있었던 가장 큰 원동력은 결국 내 주변에 있는 소중한 사람들이었으며, 그들의 존재가 나를 멈추지 않고 앞으로 나아가게 했습니다.

이번 공저를 함께한 작가님들 또한 각자의 삶에서 어려움을 극복하고 끊임없이 성장하려는 열정과 노력의 이야기를 진솔하게 담았습니다.

이 책에 담긴 열 명의 이야기는 서로 다르지만, 그 속에 공통으로 흐르는 메시지가 있습니다. 그것은 바로 '어제보다 나은 내가 되기 위해 우리는 끊임없이 노력하며 살아간다'라는 것입니다. 독자분들 역시 새로운 도전과 변화의 첫걸음을 시작할 용기와 희망을 얻으셨으면 하는 마음으로 진심을 다해 썼습니다.

마지막으로, 이 소중한 기회를 만들어 주시고, 한 명 한 명의 이야기에 귀 기울이며 열정적으로 지도해 주신 송주하글쓰기아카데미 송주하 대표님께 깊은 감사를 드립니다. 또한, 바쁜 일상 중에도 포기하지 않고 끝까지 정성으로 글을 써준 우리 공저 5기 열 명의 작가님들께도 진심으로 감사의 마음을 전합니다.

이 책을 펼친 독자 여러분의 삶에도 크고 작은 긍정적인 변화가 찾아오기를 진심으로 바랍니다. 우리가 각자의 삶에서 어제보다 나은 오늘을 만들어가는 용기와 지혜를 발견할 수 있기를 기원합니다.

손수연

들어가는 글 _4

1부 자기 계발을 시작하다

번다고 다 내 것? NO! 관리도 중요! (김경우) _12

두려움을 넘어 새로운 길을 찾다 (김선영) _17

나는 나 자신을 믿는다 (김용화) _23

세상 물정 모르는 철부지 (김진주) _29

새로운 출발선에 서다 (문숙정) _34

내 삶에 찾아온 터닝 포인트, 나를 위한 첫걸음 (손수연) _39

서른아홉 (원미란) _44

꿈은 꾸는 것이 아니고 실천하는 것 (유연욱) _49

시련이 디딤돌이 되다 (윤현호) _55

이상한 대표님을 만나다 (전수은) _61

2부 약점 보완, 강점 계발

걸림돌이 디딤돌로 바뀌는 순간! (김경우) _68

약점을 딛고, 강점으로 날다 (김선영) _74

꿈꾸는 애벌레는 약점도 강점으로 만든다 (김용화) _79

나란 사람? 누구? (김진주) _85

내 안의 약함과 강점 (문숙정) _91

경청, 나를 빛나게 하는 가장 강력한 힘 (손수연) _96

페르소나 (원미란) _101

완벽하지 않아도 괜찮아, 나답게 하는 것이 더 멋지다 (유연옥) _106

한 우물을 파라 (윤현호) _111

꿈을 찾는 중입니다 (전수은) _116

3부 나만의 노하우

또 다른 방법을 찾아라! 실패해야만 성공한다 (김경우) _122

배움과 실천이 쌓여 삶에 변화가 생기다 (김선영) _127

배움의 길, 멈추지 않는 도전이 성장의 발판이 되다 (김용화) _132

내가 세상을 깨닫는 방법 (김진주) _137

이제야 알게 된 나만의 방법 (문숙정) _143

작은 습관이 만드는 위대한 변화 (손수연) _148

총알 장전 (원미란) _154

고등학교 입학도 못한 내가 선생님이 되다 (유연옥) _160

끝없는 도전 (윤현호) _166

강제 미라클 모닝, 나와 온전히 만나는 시간 (전수은) _171

4부 달라진 인생

매일 조금씩 더 나아지는 나를 발견한다! (김경우) _178

작은 계획이 만든 놀라운 인생 변화 (김선영) _183

변화의 씨앗은 뿌리 깊은 성장의 나무이다 (김용화) _188

세상을 향해서 (김진주) _193

변화를 통해 성장하는 나 (문숙정) _198

도전과 성장, 삶이 선물한 새로운 나 (손수연) _203

어른 의미 (원미란) _208

나는 아직도 하고 싶은 일이 많아, 늘 도전을 꿈꾼다 (유연옥) _214

아낌없이 주는 나무 (윤현호) _220

보이지 않아도 나는 반짝반짝 빛나는 별이다 (전수은) _226

마치는 글 _231

1부

자기 계발을
시작하다

번다고 다 내 것?
NO! 관리도 중요!

.

김경우

고등학교 졸업하자마자 취직했다. 돈을 벌다 보니 친구들과 하루가 멀다고 술을 마셨다. 1차에 술을 마시고 기분 좋으면 2차로 노래방을 갔다. 한 달에 한 번은 직원들과의 정기적인 회식도 있다. 회식이 끝나면 알딸딸하게 취해 버스를 타고 집에 왔다. 버스에 올라 의자에 앉자마자 술기운에 곯아떨어진다. 버스가 종착지에 도착하면 저절로 눈이 떠졌다. 이렇게 항상 술이 알아서 집에 데려다주었다.

사회생활 하면서 돈 관리를 시작했다. 친구들과 만남이 많아지면서 지출이 늘어갔다. 화장품값, 술값, 노래방비로 돈을 쓰다 보니 월급은 통장을 스쳐 지나가기 일쑤였다.

당시 H 건설에 다니던 작은 오빠와 함께 살았다. 오빠는 석축 쌓는 일을 했는데 항상 일하는 건 아니었다. 일이 있을 때만 가서 일하고 일당을 받아왔다. 야외에서 하는 일이다 보니 비가 올 때는 공치는 날이 많았다. 갑자기 쓸 곳이 있다며 돈 좀 빌려달라고 했다. 얼마

어제보다 나은 나를 위하여

나 필요한지 물었더니 3백만 원이 필요하다는 거였다. 당시에 나는 신입으로 월 80만 원 정도 받았다. 월급이 적다 보니 모아놓은 돈도 별로 없었다. 금융권 대출은 꿈에도 생각 못 했다. 고민하다 생각해 낸 것이 선지급이었다. 다음날 회사에 출근해 선지급 신청했다. 창피한 마음에 내 얼굴은 홍당무가 되었다. 되도록 빨리 갚겠다며 쏜살같이 문을 나섰다. 그렇게 사회초년생인 내가 마주한 금융과의 첫 대면이었다.

이후로 몇 개월의 월급이 선지급으로 인해 허망하게 사라져 버렸다. 월급이 통장을 스쳐 지나간다는 것을 직접 경험했다. 일이 재미없었다. 계획 없이 생겨난 부채의 쓰라림이었다. 사고 싶은 화장품도, 친구와의 만남도, 먹고 싶은 치킨도 참아야 했다. 무엇보다 수중에 돈이 없으니 마음이 불편했다. 한없이 작아지는 느낌이었다. 그때 비로소 비상금을 가지고 있어야 한다고 깨달았다.

초등학교를 졸업할 즈음 아버지가 돌아가셨다. 아버지의 빈자리는 너무나 컸다. 집안 형편은 점점 기울어만 갔다. 가족의 생계 수단이었고 아버지의 전부였던 배. 어떻게든 6남매의 배는 굶지 않게 하려는 엄마의 고단함 덕분이었을까. 어느새 배는 엄마와 오빠의 손때가 묻고 있었다. 21살이었던 큰오빠는 이른 결혼을 했다. 아이들의 교육이 신경 쓰인다며 읍내에 있는 학교에 보내고 싶어 했다. 읍내에서 회사에 다니던 나는 의논 끝에 조카 4명과 동거를 시작했다. 한 달에 한 번씩 생활비를 받았다. 관리비며 학원비 등에 지출했다. 시간이 지나면서 조금씩 문제가 생겼다. 생활비는 생활비대로 내 월급은 월급대로 사라졌다. 저축하고 나면 빠듯했다. 어떻게 하면 내 월급도 생활비도 잘 관리할 수 있을까 생각이 많아졌다. 분리해서 잘 쓴다고 썼지만 쉽지 않았다.

남편과 연애하면서 차계부를 알게 되었다. 가계부는 알아도 차계부는 본 적이 없어서 신기했다. 생각해 보면 차에도 기름이나 타이어 교체 등 유지비가 들어간다. 기록장이 있는 것이 당연했다.

결혼 후 남편은 나의 실체를 알게 되었다. 나는 덜렁이, 남편은 꼼꼼이. 결혼하자마자 남편은 자기의 통장을 내보이면서 관리할 거냐고 물었다. 통장을 훑어보니 들어오는 돈과 나가는 돈이 거의 맞아떨어졌다. 여유자금은 거의 없어 보였다. 경험상 돈 관리는 꼼꼼하지 않으면 부족하기 쉽다. 통장관리는 남편이 하고 나는 생활비를 타서 쓰기로 했다.

결혼 전에도 남편의 꼼꼼함을 알고 있었다. 결혼한 후 다시 확인할 수 있었다. 12월 말쯤이었다. 출근하면서 우리의 자산이 얼만큼인지 정리해 놓아야겠다며 숙제를 내주는 게 아닌가. 보험사에 전화해서 보험 해지환급금을 알아보라는 것이었다. 보험을 해지하려는지 물었더니 아니라고 했다. 해지할 것도 아니면서 해지환급금을 알아야 한다는 게 이해가 되지 않았다. 내가 가지고 있는 돈을 낱낱이 알고 싶은 건지, 감시하고 싶은 건지 의심이 들었다. 귀찮아서 알아보지도 않았다. 저녁에 집에 온 남편은 알아보았냐고 물었다. 아니라고 하자 대뜸 화부터 냈다. 그게 뭐 대수라고 화를 내는지 나도 덩달아 화가 났다. 신혼의 달콤함도 평화로움도 산산조각이 났다. 그날 저녁 우리는 감정싸움으로 남편은 방, 나는 거실에서 잠을 잤다. 초장부터 남편의 기에 눌렸다는 걸 알게 되었다. 남편은 나의 기분은 아랑곳하지 않았다. 거실에 있는 TV도 마음대로 보다가 방에 들어가 잤다. 그렇게 데면데면한 상태로 며칠이 지났다.

남편은 회사에서 종이 몇 장을 프린트해 가지고 왔다. 곁눈질로 보니 부부가 지켜야 할 규칙이었다. 싸워도 각방을 쓰지 말자는 내용이었다. 입 꾹 다물고 있지 말고 말로 소통하자고 쓰어 있었다. 또 다른 종이에는 소득, 지출, 자산, 부채, 보험료, 해지환급금 등 자산 리스트가 적혀 있었다. 한눈에 볼 수 있도록 뽑아온 것이다. 자세히 살펴보니 남편의 자산목록 옆에 내 목록은 빈칸이었다. 꿋꿋하게 '꼭 해야 하는 건 아니잖아'하고 자기합리화해 보았다. 마음 한구석에 미안한 마음도 들었다. 다음날 보험회사에 전화해서 해지환급금을 알아보았다. 꼬리를 내리니 은근히 좋아하는 눈치다.

명절이면 형님과 함께 명절을 준비했다. 형님은 군청에 다닌다. 아주버님도 큰 회사의 이사다. 부침개를 부치며 형님은 집에서 노는 내가 부럽다고 했다. 이야기를 듣자마자 기분이 상했다. 돈을 많이 버는 형님네가 마냥 부럽다고 했다. 형님은 둘이 버나 혼자 버나 모으는 건 비슷하다고 했다. 나는 1천만 원 벌어 쓰는 게 좋지. 500만 원 벌어 쓰는 게 좋으냐고 받아쳤다. 그렇게 우린 답답한 대화를 마무리했다. 집에 와서 곰곰이 생각해 보았다. 남편이 열심히 일해도 돈은 모이지 않았다. 돈이 들어와도 어떻게 알았는지 용케 나간다. 돈은 여러 종류가 있다는 것을 알았다. 나중에야 남편이 어떻게 돈을 모으는지 알게 되었다. 주식도 하고 적금, 연금까지 모두 일일이 챙기고 있었다.

전에는 있는 대로 돈을 썼다. 부족하면 다른 데서 빌리기도 했다. 사고 싶은 게 있으면 일단 사고 봤다. 그러다가 돈의 중요성을 느낀 몇 가지 계기가 있었다. 오빠로 인해 첫 선지급을 받으러 갔던 기억. 조카들과 살면서 살림을 하면서 힘들었던 일. 돈 관리를 잘하는 남편. 그로 인해 조금씩 변하기 시작했다. 먼저 가계부를 쓰기 시작했다. 그때부터 경제 공부도 본격적으로 시작했다. 결혼하고 10여 년이 지났을 때, 경제학과에 입학도 하게 되었다.

사람은 누구나 부족함을 느낀다. 누군가는 신세 한탄만 하는가 하면, 또 다른 누군가는 해결 방법을 찾는다. 나 역시 힘들었던 구간이 있었다. 하지만 포기보다는 해결을 선택했다. 덕분에 전보다 나은 삶을 살아가고 있다. 방법을 찾는 사람에게는 언젠가 길이 열리게 마련이다.

어제보다 나은 나를 위하여

두려움을 넘어
새로운 길을 찾다

•

김선영

나는 겁이 많다. 낯선 곳을 두려워하고 새로운 환경에 적응하기가 어렵다. 시골에서 태어났지만, 도시를 동경해서 부천에 있는 고등학교로 진학했다. 그 후 줄곧 도시에서 생활했다.

결혼 후 나는 남편만 믿고 연고도 없는 충남 청양에서 신혼생활을 시작했다. 이곳은 남편의 고향으로 시어머님의 고향이기도 했다. 주변에는 시어머님 친정 식구들이 많이 살았다. 어머니는 나의 모든 일을 감시했다. 한번은 이런 일도 있었다. 앞집에 먹을 것을 사 들고 처음 인사 간 날, 들어간 지 5분도 안 됐는데 초인종이 울렸다. 시어머니였다. 너무 놀라고 당황했다. 차도 못 마시고 바로 집으로 돌아왔다. 용기 내어 인사하러 간 날 이런 일이 생기니 더 밖으로 나올 수 없었다. 또 한번은 이런 일도 있었다. 교회를 처음 갔다 온 날이다. 어머니가 집으로 오라고 불렀다. 서둘러서 달려갔더니, "너 오전에 교회 갔었니? 시골은 모든 사람이 다 지켜봐. 교회 가지 말아라." 시부모님은 교회 다니는 걸 싫어했다. 교회도 못 가게 됐다. 이곳은 나에게 감옥 같았다.

남편이 출근하고 나면 텅 빈 집에 혼자 남아 하염없이 눈물을 흘렸다. 외로움은 점점 더 깊어졌고, 결국 우울증까지 찾아왔다. 하루하루가 괴로웠다.

다행히 남편이 나의 마음을 알아줬고 그의 따뜻한 격려와 지지가 나를 다시 일으켜 세웠다. 그는 나에게 도의원 선거 사무실에서 일할 기회를 가져다줬다. 처음에는 두려움이 앞섰지만, 용기를 내어 한 발짝 내디뎠다. 선거 사무실에서의 경험은 나에게 큰 변화를 가져다주었다. 남편과 시댁 식구 외에 새로운 사람들과 어울리며 일하는 것은 세상과의 소통을 배우는 기회가 되었다. 그렇게 나는 점차 세상 밖으로 나올 용기와 타인과의 관계를 부담스러워하지 않는 자신감이 생겼다.

결혼 1년 만에 첫딸을 얻었다. 육아는 결코 쉬운 일이 아니었다. 딸은 분유도 잘 먹지 않고 낮잠도 자지 않았다. 밤에도 잘 자지 않았다. 무엇이 문제일지 고민하며 분유도 자주 바꾸고 자는 환경도 바꿔봤지만, 소용없었다. 항상 배가 고파서 그런가 자려고 하지 않았다. 아이가 깨어 있는 시간이 길다 보니 나는 늘 잠이 부족했다. 하루하루가 피곤했다.

하지만 딸과 함께하는 시간은 내게 더할 나위 없는 행복이었다. 딸아이가 나의 외로움을 알았는지 나를 잠시도 쉬게 하지 않았다. 딸을 안고 책도 읽어주고 노래도 불러주며 시간을 보냈다. 딸은 12개월 무렵부터 놀라운 속도로 말을 배우기 시작했다. 정확한 발음으로 또렷하게 문장을 말하는 딸아이의 모습은 주변 사람을 놀라게 했다. 그 순간마다 나는 특별한 아이일지도 모른다는 착각을 했다.

둘째 아들을 낳은 뒤 우리 가족은 대전으로 이사를 하며 새로운 삶을 시작했다. 도시 생활은 새로운 기대감을 주었지만, 두 아이를 연년생으로 키우는 일은 쉽지 않았다. 그래도 내가 원하던 도시 생활이라 마냥 행복하고 즐거웠다. 딸과 아들은 태어나면서부터 자주 아파 병원에 입원하는 일이 잦았다. 전에 살았던 청양은 소아청소년과가 없어 먼 지역까지 진료를 보러 가야 했다. 아이들이 아플 때마다 이런 생각을 했다. '집 앞에 병원이 있으면 얼마나 좋을까?' 그런데 이사 온 곳은 대형 종합병원과 소아과, 치과, 정형외과 등 많은 소형병원이 즐비했다. 내가 원하던 곳이었다.

남편의 도움 없이도 아이들을 데리고 병원에 갈 수 있었고 다양한 문화생활을 할 수 있었다. 일주일에 하루 오전에는 아이들을 데리고 문화센터에서 영어 동화 수업을 들었다. 첫째가 18개월, 둘째가 6개월 때의 일이다. 아이들이 좋아하는 이 수업이 난 좋았다. 6개월짜리는 자는 날이 많았지만 18개월 딸은 재밌게 참여했다. 오후에는 아이들을 데리고 에어로빅 학원에 다녔다. 둘째가 떨어지지 않으려고 해서 포대기로 업고 에어로빅을 했다. 내 몸과 마음이 건강해지는 것 같았다.

대전 생활은 나에게 활력을 가져다주었다. 나에게 중요한 것은 아이들과 보내는 시간이었다. 그 시간을 소중히 하기 위해 나 자신과 약속했다. 그중 하나가 잠자리 동화 읽어주기다. 잠자리에 들기 전 아이들에게 말한다. "너희가 읽고 싶은 책 골라와." 아이들은 영어책과 한글 그림책을 각자 골라온다. 책을 보며 오늘은 어떤 책을 읽을지 함께 고르고 침대에 눕는다. 난 아이들 사이에 그림책을 들고 누워 영어책 다섯 권, 한글 그림책 다섯 권을 읽어줬다. 하루도 빼지 않고 매일.

우리 셋은 항상 세트로 움직였다. 오래된 아파트에 살았기에 단지 안에는 아름드리나무가 많았다. 나무 밑에는 정자가 있었다. 문화센터 수업이 없는 날에는 도시락을 싸 들고 책 몇 권을 챙겨 정자로 소풍 갔다. 그곳에서 우리는 책도 읽고 점심도 먹고 놀이기구도 탔다. 이 시간이 쌓여 아이들의 언어 발달에 큰 도움이 되었고, 무엇보다도 가족에게 깊은 유대감을 형성해 주었다.

대전에서의 생활이 안정되면서 딸은 영어책에 더 깊은 흥미를 보이기 시작했다. 세 살이라는 나이가 믿기지 않을 정도로 유창하게 영어책을 읽었다. 알파벳을 알아서 읽는 것이 아니다. 반복하여 읽어주니 영어책을 외운 것이다.

한번은 이런 일도 있었다. 마트에서 키가 큰 백인 남성을 만났다. 내 딸이 귀여워 보였는지 옆에 와서 말을 걸었다. "Hey, did you come alone? Where is your mother?" 딸은 무심하게 손으로 나를 가리키며 말했다. "My mommy is over there." 놀라웠다. 어찌 이런

어제보다 나은 나를 위하여

일이. 이 모습을 본 동네 언니들이 영어 교육을 본격적으로 시작해 보라고 권유했다. 하지만 난 자신이 없었다. 동네 친한 언니들의 아이들을 모아 30분씩 유아 영어 무료 수업을 했다. 무료 수업을 하면서 점점 자신이 생겼다. 처음에는 이 환경이 낯설고 어색했지만, 아이들과 함께 영어 동요도 부르고 동화책을 재미있게 읽어주고 노는 것이 즐거웠다. 이 과정에서 큰 기쁨을 알았다. 딸아이 덕분에 나 역시 영어를 가르치는 일에 흥미를 느꼈고, 유아 영어 강사라는 새로운 꿈을 꾸게 되었다.

유아 영어 강사가 되겠다는 꿈을 안고 어떻게 하면 되는지를 알아보기 시작했다. 여러 회사가 있었다. 그중 12월에 유아 영어 강사를 뽑는 회사가 있었다. 나에겐 뜻밖의 기회였다. 영어 동화책 한 권을 선정하여 일일 교육계획안을 작성해야 했다. 작성한 계획안을 가지고 심사위원들 앞에서 20분 동안 시연을 하면 되는 것이었다. 떨리고 두려웠다. 계획안을 작성하여 아이들을 앞에서 매일 연습했다. 드디어 결전의 날이 되었다. 아이들을 데리고 갔다. 아이들이 함께 있으면 떨림이 덜할 것 같아서… 총 20명이 왔고 심사위원은 세 분이었다. 제비뽑기로 순서를 정했다. 난 1번을 뽑았는데 13번을 뽑은 분이 바꿔 달라고 했다. 오히려 난 좋았다. 어린이집이나 유치원에서 아이들을 가르쳐본 경험이 없는 나는 먼저 시연하는 사람을 보고 도움을 받을 수 있으니까. 시연은 참가자 전원이 함께 앉은 상황에서 순서에 맞게 한 명씩 나와 진행했다. 다행히 아이들도 참여할 수 있었다. 나에겐 다른 사람들에게는 없는 든든한 지원군이 함께했다. 집에서 매일 연습하며 손발을 맞췄으니 두려울 게 없었다. 시연은 간단히 통과했다.

    나는 겁이 많고 소심한 사람이었다. 시골 생활, 육아 그리고 유아 영어 수업을 통해 내 삶은 크게 변했다. 새로운 환경에 대한 두려움을 극복하며, 뜻밖의 기회를 통해 새로운 꿈을 찾았다. 쉽지 않았지만, 스스로 용기를 주고 끊임없이 노력하며 한 걸음씩 나아갔다. 내가 겪은 모든 경험은 나에게 큰 자산이 되었고, 지금의 나를 만든 밑거름이 되었다.
    나의 이야기가 다른 사람들에게도 작은 용기와 희망이 되길 바란다. 나처럼 두려움과 좌절에 머물러 있는 누군가에게, 변화는 두려운 것이 아니라 자신을 성장시키는 기회라는 것을 전하고 싶다. 자기계발은 한 걸음의 용기로 시작된다는 것을 알리고 싶다. 그 작은 걸음이 언젠가 당신의 삶을 크게 바꿀 것이다.

나는 나 자신을 믿는다

•

김용화

"주저하지 마세요. 나를 향한 믿음을 가지세요. 자신을 믿으면 기적이 일
어나요."

전 스피드스케이팅 국가대표 이상화 선수의 말은 내 마음에 깊
은 울림을 남겼다. 최고의 자리를 유지하기 위한 나와의 싸움은 외롭
고 고통스럽다. 그 과정은 결코 노력 없이 이루어지지 않는다. 나를
믿는 힘이야말로 모든 변화를 가능하게 만든다.

21년 전, 두 아이를 유치원에 보내고 난 후 시작된 평범한 아침
일상이 떠올랐다. 아이들을 등원시키고 난 후 주변 엄마들과 티타임
을 함께했다. 아이들 교육과 이슈들로 이야기 나누다 보면 어느새 점
심시간이 되었다. 각자의 집에서 반찬을 가져와 한 집에 모여 밥을 먹
는다. 그리고 나면 다시 차를 마신다. 수다는 끝이 없다. 하원 시간이

다가왔다. 다시 엄마의 역할로 돌아간다. 아이들 간식을 챙기고, 유치원에서 있었던 일들을 물으며 저녁을 준비한다. 가족이 모여 밥을 먹고 나면 하루가 순식간에 지나갔다. 그렇게 하루가 지나고, 또 하루가 반복되었다. 다음날 어김없이 그 엄마들과 다시 만났다. 누군가는 아이 교육 문제로 고민하고, 누군가는 시댁과의 갈등을 하소연했다. 우리는 서로의 말에 공감하고 위로했다. 엄마들과 하는 이야기가 늘 비슷했다. 어느 날은 카페에서, 또 어느 날은 백화점에서 시간을 보냈다. 처음에는 아이 키우는 이야기와 생활 속 고민을 나누는 시간이 즐거웠다.

시간이 흐를수록 비슷한 이야기의 반복은 지루함을 넘어 나를 지치게 했다. 그렇게 하루가 반복되었다. 엄마들과 함께 보내는 시간만큼 집안일은 밀리기 일쑤였다. 일을 제대로 못 할 때도 있었다. 어느 날 문득 '이 시간이 나에게 어떤 의미가 있을까?'라는 생각이 들었다. 답이 쉽게 떠오르지 않았다. 매일 만나는 엄마들과의 차 한 잔은 선택이 아닌 의무가 되었다. 시간만 흘러갔다. 작은 틀에 갇힌 듯한 기분이 들었다. 엄마들과 함께하는 시간이 즐겁다가도, 가끔은 내가 사라지고 있다는 느낌도 들었다.

엄마로서, 아내로서 역할에는 충실했다. 하지만 나에 대해 생각할 겨를이 없었다. 가족이 잠든 후에야 나만의 시간이 주어졌지만, 피곤해서 책 한 장 넘기지 못하고 잠들기 일쑤였다. 내일은 다르게 살아봐야지 생각하다가도 매번 똑같은 일상을 보내고는 했다. 나만 그런 게 아니었다. 함께 어울리는 엄마들도 모두 비슷한 패턴을 반복하고 있었다. 하지만 누구도 달라지려고 하지 않았다. 그냥 이렇게 사는 게 당연한 것처럼 여겨졌고, 나 또한 의미 없이 시간을 보내고 있었다.

무기력해졌다. 불행한 것도 아니었지만 그렇다고 행복하다고 말할 수도 없었다. 변화를 원했지만 두려움도 있었다. 어차피 달라질 수 없을 거라는 생각이 머릿속을 가득 채웠다. 어느 날 몸이 아프다는 핑계를 대고 혼자만의 시간을 가져보았다. 거울에 비친 나의 모습을 보고 많은 생각이 들었다. 예전에는 꿈이 많았던 사람이었다. 지금은 희망도, 계획도 없이 하루를 보내면 살고 있었다. 생각할수록 답답했다.

그러던 어느 날, 효목도서관(지금의 수성도서관)을 지나게 되었다. 책을 읽으며 집중하는 사람들의 모습이 눈에 들어왔다. 나도 저렇게 집중해서 뭔가를 해본 게 언제였을까? 문득 궁금해졌다. 호기심에 도서관 문을 열고 들어갔다. 조용한 도서관에 들어선 순간, 이상하게도 마음이 차분해졌다. 책장마다 꽂힌 책들을 보니 설레었다. 책 한 권이 눈에 들어왔다. 유안진 작가의 『지란지교를 꿈꾸며』였다. 학창 시절 읽고 좋아서 필사했던 책이다. 책장을 넘기면서 잊고 있던 추억이 되살아났다. 가슴이 떨렸다. 책 좋아하고 꿈 많았던 학창 시절의 내가 떠올랐다. 그때와 너무도 달라졌다는 것을 깨달았다. 나는 언제부터 꿈을 잃어버린 걸까? 지금은 의미 없이 하루하루를 보내고 있었다. 머릿속도 복잡하고 마음도 심란했다. 무언가를 배우는 것을 좋아했던 나는 어디로 사라졌을까. 이렇게 살아서는 안 되겠다는 생각이 들었다. 도서관을 나오면서 다짐했다. 이제는 나를 위해 살아보자. 나를 찾는 시간을 가져보자. 그날 이후로 새로운 변화가 시작되었다. 매일 도서관으로 갔다. 짧은 시간이지만 나에게 주어진 작은 자유였다. 책을 읽는 동안에는 불안이나 무기력함에서 벗어날 수 있었다. 시간 가는 줄 몰랐다. 때로는 책 속에 너무 몰입한 나머지 아이들 하원 버스를 놓칠 뻔한 적도 여러 번이었다. 독서를 통해 또 다른 세상을 만났다. 단조로웠던 일상이 책을 통해 의미 있고 즐거운 시간으로 바뀌었다. 도서관 홍보물을 우연히 보았다. 도서관을 소개하는 글과 회원들의 감동적인 이야기도 있었다. 그중 자기 계발 목록에 눈이 멈추었다. 여러 강좌 중 독서 지도 과목이 유독 내 눈에 띄었다. '이거다!' 나를 위해서 다시 배움에 도전해 보기로 한 것이다. 오랫동안 놓고 있던 책을 다시 가까이할 수 있었다. 아이들에게도 다양한 독서법을 이용해 책을 볼 수 있도록 하면 좋을 것 같았다. 강좌 신청 날은 선착순 접수라 도서관 안에서 줄을 서지 않으면 원하는 강좌를 들을 수 없었다. 접수 문자를 받고 뛸 듯이 기뻤다.

책과 친해지면서 독서지도사에 관심이 생겼다. 자연스럽게 독서와 관련한 자격증을 여러 개 취득할 수 있었다. 그때 만난 선생님 중 한 명과 이야기를 나누었다. 공부만 하는 것보다 강사 활동도 병행하면 어떻겠냐고 제안했다. 강사라는 분야를 전혀 모를 때여서 생소했다. 그 말 한마디 덕분에 강사라는 직업에 관심을 두기 시작했다. 여기저기 알아보니 자격증과 경력이 필요하다는 사실을 알게 되었다.

경력을 만들기 위해 도서관에서 그림책 읽어주는 봉사를 시작했다. 초등학교에서도 명예 사서 선생님으로 활동했다. 그러면서 점점 경력을 쌓아갔다. 드디어 도서관과 연계한 기관으로 첫 유료 강의를 나갈 수 있었다. 주로 어린이집과 유치원에서 하는 독서 프로그램이었다.

선생님이 해준 조언대로, 강사 활동을 더 적극적으로 하기 위해 다양한 자격증에 도전했다. 학교 폭력 예방에 관한 자격증도 따고 레크리에이션, 전래놀이, 성폭력 예방에 관한 자격 등에 관한 것이었다. 생각했던 것보다 많은 분야가 있었다. 짧게는 2달에서 길게는 1년 이상 걸리기도 했다. 배우는 과목이 모두 다르다 보니, 어려움을 느낄 때도 많았다. 하지만 포기하지 않았다. 벽돌을 하나씩 쌓는다는 마음으로 나아갔다. 자연스럽게 자격증과 경력이 늘어났다. 지금은 강사로서 많은 분야에서 활동하고 있다.

자격 과정을 공부하면서 만난 사람들도 많은 도움이 되었다. 포기하고 싶을 때 동기를 부여해 주는 사람들이었다. 강사에 관한 여러 가지 좋은 팁도 알게 되었다. 지금도 정보를 나누며 잘 지내는 중이다.

내 변화는 내부와 외부로 나누어 볼 수 있다. 내 안에서 문득 생긴 질문이 첫 번째였다. 독서지도사 과정 때 만난 선생님의 질문이 두 번째였다. 하지만 무언가에 도전하는 일이 쉬운 일은 아니었다. 처음에는 불안했다. 공부를 다시 시작하는 게 두렵기도 했다. 과연 내가 잘할 수 있을까 하는 걱정도 들었다. 하지만 이상화 선수의 말처럼 '나 자신을 믿어야 한다'라는 말을 떠올렸다. 그렇게 나는 다시 꿈을 찾기 시작했다. 작은 걸음이지만 내 인생에서 가장 큰 변화의 시작이었다. 더 넓은 세상을 향해 한 걸음씩 나아가고 있다. 변화와 성장은 도전에서부터 시작된다.

세상 물정 모르는 철부지

•

김진주

살다 보면 내 인생을 변화시키는 많은 일을 경험한다. 어떤 경험을 하게 되느냐에 따라 내 삶이 전과 전혀 다르게 변할 수도 있다. 나역시 변화를 다짐했던 두 번의 계기가 있다. 이제부터 그 이야기를 해보려고 한다.

부모님의 권유로 대학을 가게 되었다. 이왕이면 체육학과에 가고 싶었다. 부모님은 같은 지역에 있는 2년제 대학으로 갔으면 했다. 나는 생각이 달랐다. 가능하면 집에서 멀리 있는 대학으로 가고 싶었다. 부모님과 많은 대화를 나눈 후, 같은 지역에 있는 2년제 대학 부사관과에 지원했다. 부사관이 되려면 태권도 1단이 필수였다. 어릴 때부터 태권도를 꾸준히 해온 덕분에 수시에 합격할 수 있었다. 입학식까지는 6개월 정도 여유가 있었다. 일단 대학에 합격했으니, 놀기만해도 선생님들은 별다른 말씀을 하지 않았다. 하지만 부모님의 잔소리는 날이 갈수록 많아졌다. 그런 부모님과 만나기만 하면 부딪히기 일쑤였다. 그럴 때마다 얼른 대학교 입학해서 기숙사 생활을 하고 싶었다.

6개월 동안 내가 한 일은 운전면허증 취득밖에 없었다. 3월 입학식 때도 전날까지 밤새도록 놀다가 학교에 잠깐 들렀다. 입학하면 기숙사에 일주일 안에 들어가야 했다. 하지만 친구 집에서 노느라 10일이 지나고 나서야 겨우 들어갔다. 출석만 하고 매일 친구들과 놀기만 했다. 친구들과 노는 시간이 제일 행복했다.

자려고 기숙사 침대에 누워서 문득 그런 생각이 스쳤다. '10년 후에 나는 어떤 모습일까?'라는 생각이 들었다. 답이 나오지 않았다. 내가 무엇을 하고 싶은지, 나는 무엇을 좋아하는지를 몰랐다. 사회 부적응자가 되어 있는 모습이 그려졌다. 꼬리에 꼬리를 물며 질문이 쏟아졌다. 누워 있다가 갑자기 왜 그런 생각이 들었는지 모르겠다. 확실한 건 내가 이렇게 생활하면 망하겠구나 싶었다. 이 상황에서 내가 할 수 있는 일은 무엇일지 고민하게 되었다. 처음으로 성적을 신경 쓰기 시작했다. 놀기만 하느라 제대로 공부해 본 적이 없었다. 공부를 어떻게 해야 하는지 전혀 감이 잡히지 않았다. '기본 먼저 해보자'라는 생각이 들었다. 학교에 지각하지 않고, 숙제 잘하고, 수업 시간에 집중했다. 노력한 결과 4.5 만점에 4.41로 한 학기를 마무리할 수 있었다. 학점관리와 출결 관리 모두 처음이었지만, 좋은 성적을 받았다. 이번 한 학기로 인해서 나도 할 수 있다는 자신감을 얻었다.

학점관리에 신경은 썼지만, 친구들과 노는 것도 여전했다. 주말에는 대학로에서 살다시피 했다. 여전히 미래에 대해 갈피를 잡지 못

하고 있었다. 어떻게 살아야 할지 몰랐다. 미래는 생각만 해도 막막했다. 대학 졸업까지 내가 했던 일은 회계와 영어, 한자 공부였다. 초등학교부터 대학교까지 돌아봤을 때, 대학 생활을 제일 열심히 했다. 노는 것과 학교생활 모두 열심히 했다는 생각에 혼자 뿌듯했다. 2학년 2학기부터 취업하는 동기들이 생기자 불안해지기 시작했다. 자연스럽게 취업 준비를 시작했다. 마지막 여름 방학이 지나고 나에게 일할 기회가 찾아왔다.

21살이 되기까지 아르바이트를 한 번도 한 적이 없었다. 부모님이 주는 용돈이 부족하다고 불평만 했다. 흥청망청 돈만 쓸 줄 알지 벌 줄은 몰랐다. '대학 졸업하기 전에 경험이라도 쌓아보자'라는 생각에 아르바이트를 구했다. 찾아보니 내가 할 수 있는 일은 없었다. 계속되는 탈락에 자신감은 떨어질 대로 떨어졌다. 포기하지 않고 지원할 수 있는 곳은 다 도전했다. 결국, 3개월 후에 공기업 홍보과에서 일하게 되었다. 1년짜리 계약직이었다. 면접 갈 때만 하더라도 '내가 될까?'라는 생각했다. 드디어 차례가 되어 면접장으로 들어갔다. 생각보다 분위기가 무거웠고 앞에 앉아 있는 면접관들도 무서웠다. 면접준비가 어떤 건지도 모르고 무방비 상태에서 면접을 봤다. 처음 느끼는 긴장감이었다. 무슨 질문을 했는지 어떤 대답을 했는지 기억이 하나도 나지 않는다. 2주 뒤, 결과 나오는 날이 되었다. 진동 오는 소리에 핸드폰을 확인하니 합격 문자가 와있었다. 합격 소식과 함께 일주일 뒤 출근하라는 연락이었다.

첫 출근날인 만큼 최대한 단정하게 입고 일찍 출근했다. 첫날은 각 부서를 다니면서 인사를 했다. 홍보팀만 모여서 대화하는데 팀장님이 나에게 말했다. "내가 진주 씨 적극적으로 추천한 거 알아요?" 내가 궁금해하자 팀장님이 말했다. "어떤 질문에도 웃으면서 대답하는 모습이 보기 좋았어요"라고. 칭찬받아서 혼자 흐뭇해했다. 일주일 정도는 회사 분위기를 파악하고 업무를 배웠다.

수습 기간을 채워나가다 보니, 안 보이던 것들이 점점 보이기 시작했다. 다른 사람들의 옷차림에 눈길이 갔다. 편하게 입고 출근하던 나와는 완전히 달랐다. 깔끔한 와이셔츠에 각 잡힌 정장을 잘 차려입고 출근했다. 그런 모습을 보니 세미 정장이라도 입고 출근해야겠다고 생각했다. 그 후에는 업무 처리하는 태도가 보이기 시작했다. 모든 업무에 진지하고 신속하게 임하는 모습이었다. 그 사람들과는 달리 나는 집중을 잘하지 못하고 모든 면에서 진지함이 없었다. 전날 밤늦게까지 놀아서 업무시간에 피곤해하기도 했다. 불성실한 태도에도 막내라는 이유로 많은 배려와 이해를 해줬다. 일에 어느 정도 적응이 된 후에는 현장 출장도 나가게 되었다. 각계각층의 사람들을 만나면서 대화할 기회가 많아졌다. 그들을 보면서 나의 부족함이 많이 느꼈다. 제일 부족함을 느낀 부분은 언어였다. 일하면서 사용하는 언어는 친구들과 사용하는 언어와는 확실히 차이가 있었다. 같이 일하는 사람들에 비해서 비전문가처럼 느껴졌다. 성장하는 내가 되고 싶다는 생각이 들었다. 나보다 5살 많은 회사 언니는 항상 여유가 느껴졌다. 일하고 자기 계발도 하면서 사는 모습이 진짜 어른처럼 보였다.

'나도 5년 후엔 저렇게 될 수 있을까?'라는 생각을 했다. 회사 생활을 하면서 만났던 사람들 덕분에, 내가 얼마나 부족한지 깨닫게 되었다.

대학에 갈 때까지만 해도 철없이 살았다. 그러다 문득 스스로 질문하게 되었다. 이렇게 살면 나중에 어떻게 될까? 그게 변화할 수 있었던 계기였다. 회사 인턴으로 들어가면서 주변으로 인해 내가 얼마나 부족한 사람인지 알게 되었다. 더 성장해야겠다고 다짐했던 계기였다. 이렇게 살다 보면 변해야겠다는 생각이 들 때가 있다. 내 안에서 나온 질문일 수도 있고, 주변 사람으로 인해서 생긴 깨달음일 수도 있다.

생각으로 그치지 않고 변화하기 위해서 실행했다. 나 역시 걱정에만 그치지 않고 성적 관리를 시작하고 출결에도 신경 썼다. 더 멋진 사람이 되기 위해 학교 편입도 하고 자격증에도 꾸준히 도전했다. 실행은 꿈을 현실로 만들어 준다. 생각에만 그치지 않고 지금, 바로 실행할 수 있기를 바라 본다.

새로운 출발선에 서다

•

문숙정

결혼 전 시댁 건물에서 학원을 하던 원장이 아무 말도 없이 사라지는 일이 생겼다. 학생들과 강사들은 매일 학원으로 등원하고 출근을 했고 사라진 원장을 찾아오는 빚쟁이들이 있었다. 갑자기 변한 상황에 당황한 시어머니는 예비 며느리였던 나를 떠올린 것이다. 12월에 결혼하면 전업주부로 현모양처가 될 거라는 기대와 달리 예비 시어머니가 강사 관리 명목으로 갑자기 원장을 맡아서 하라고 했다. 그렇게 시작한 학원은 30년을 하게 되었다. 학원은 적당하게 잘 되었다. 다른 집에 돈 빌리러 다니지 않았으니 그만하면 괜찮았다. 학생들의 성적이 올라서 학부모가 기뻐하는 것을 보면 즐거웠다. 나의 수고를 알아주는 학부모들의 칭찬을 듣는 것이 좋아 열심히 가르치고 운영하였다. 20년쯤 학원을 운영했을 때, 우울증이 생겨서 재미있는 일이 하나도 없었다. 학원에 나가면 학생들이 예쁘지 않고 그냥 아이로 보였다. 왜 열심히 가르치는데 성적이 안 오르냐며 성적 향상이 더딘 학생들이 미워 보이기까지 했다. 학생들에게 짜증을 내는 경우도 생졌다. 착하던 선생님들은 무능해 보였다. 애정 어린 학부모들은 잔소리꾼으로 보이기 시작했다. 집에 오면 어지럽혀진 방 때문에 짜증이 나고 화가 났다. 쓸모없는 물건을 사서 모으기도 하고 비싼 물건을 사며 좋아하기도 했지만, 한순간뿐이었다. 그런 날들이 반복되면서 집에서 혼자 울기도 하고 나를 위로하기 위해 혼술을 하는 경우가 많아졌다.

그러던 중 처음 학원을 할 때 작은아이를 돌봐주던 어린이집 원장 언니가 연락이 왔다. 중구청에서 강사 양성 과정을 같이하면 좋겠다고 강하게 이야기했다. 언니에게 고마운 마음이 많았다. 도와준다는 생각으로 하겠다고 했다. 승낙하고선 왜 승낙했을까? 안 한다고 할까? 며칠을 고민하다가 그만 강의 날이 되었다. 솜에 물을 부어 놓은 것처럼 무거운 몸을 끌고 안내받은 센터로 가면서도 이걸 왜 해야 하나. 모르는 사람들 만나서 뭘 한단 말인가? 짜증을 가득 안고 강의장으로 들어갔다. 제일 끝에 앉아서 원장 언니가 오기만을 기다리고 있었다. 갑자기 나타난 원장 언니는 강의장을 휘어잡으며 강의를 시작하였다. 거기에 모여있는 여자들은 다 이상해 보였다. 박수치고 서로 뭘 하겠다고 적극적으로 참여하는 모습이 정말 경박해 보이고 짜증 났다. 무슨 종교집단인가? 강의를 조용히 듣고 가면 되는 줄 알았는데 활동이 포함된 강의가 낯설고 힘들었다. 이런 여자들과 함께 여기서 뭘 하고 있나 한심한 생각이 들었다. 빨리 끝나기만을 기다리고 있었다. 모둠 활동을 한다고 뽑기를 했고 얼떨결에 모둠을 짰고 두 달 일정이 끝날 때까지 같이 해야 한다고 했다.

서로 손잡고, 당기고, 게임하고…. 그 와중에 발표는 왜 그리 많은지 정신없이 1일 차가 끝이 났다. 조원들은 마음에 들었는지 다음 시간에 꼭 와야 한다는 말을 들으며 집으로 왔다. 집에 오니 오늘 너무 반갑고 좋았다는 말들로 단체 톡이 계속 올라왔다. 참 팔자들 편해서 놀다놀다 할 일 없으니 이런 곳에 와서 노는 여편네들이라고 속으로 무시했다. 단체 톡에 글도 안 올리고 다시는 가지 않겠다고 생각했다.

두 번째 강의 날 아침, 원장 언니가 전화해서 오늘까진 꼭 오라고 했다. 정말 가기 싫었지만, 하루만 더 언니 생각해서 참석했었다. 자기소개 시간이 되어서 조원들끼리 자신의 이야기를 꺼냈다. 아픔도 많고 여자로서 경력단절, 가족들 간의 무시, 인정 욕구 충족 등 여러 이유로 참석하게 되었다는 말을 들었다. 다들 나를 부러워하는 것을 보면서 부끄러웠다. 우울증에 힘들어하는데 왜 나를 부러워하지…. 그 중에는 나보다 이룬 것이 많은 사람도 있었고 젊은 사람도 있었다. 그들은 내가 일을 하고 있어서 대단한 사람이라고 이야기를 하고 있었다. 그들은 더 좋은 긍정 에너지를 가지고 있었고, 더 많이 포용적이고, 더 큰 사람들이라고 느꼈다. 내가 무시할 수 있는 사람들이 아니라는 생각에 많이 부끄럽고 창피했다. 조원들에게 나를 들키고 싶지 않았고 더 좋은 사람으로 인정받고 싶은 마음이 들었다. 그 순간 가슴속에서 밑으로만 내려가던 나의 열정 엘리베이터가 갑자기

어제보다 나은 나를 위하여

상승 버튼을 누른 듯 올라오는 걸 느낄 수 있었다.

원장 언니에게 수업 마친 후 면담 신청을 했다. 근처 커피숍으로 옮겨 왜 이 과정을 나에게 소개했냐고 물어보았다. 언니는 내가 평소에 열심히 노력하는 것을 보고 자극을 받아 박사 과정까지 마쳤는데 내가 힘없이 점점 가라앉고 있는 것 같았다고 했다. 그래서 새로운 자극을 주고 싶었다고 하였다. 언니는 오랫동안 학생을 가르친 경험으로 새로운 강의 세계로 도전하라고 계속 이야기를 하였다. 너무 오랫동안 학원이라는 환경 속에서 수학만 가르쳐서인지 새로운 것에 대한 목마름이 있었다는 걸 언니가 깨우쳐 준 것 같았다. 그 후로는 강사 양성 과정 수업이 있는 날을 기다리게 되었다. 성인들 앞에서 주제 발표하는 것도 즐거웠고 모르고 있던 강의 기술을 배워서 학원에서 학생들에게 적용해 보기도 하였다. 학생들도 웃음으로 분위기 환기시키는 일이 많아서 좋아하는 것 같았다.

전과 다른 새로운 욕구들이 생겨나는 것을 느낄 수 있었다. 더 열심히 박수 치고, 더 열심히 움직이고 하나라도 더 배워서 꼭 학원이 아닌 다른 곳에서 다른 대상을 상대로 강의하고 싶은 마음이 점점 더 커졌다. 그렇게 과정을 마치고 처음으로 특성화고등학교 강사로 나가게 되었던 날 설렘과 기대로 한숨도 못 자고 충혈된 눈으로 수업을 하고 왔다. 새로운 힘이 나를 일으켜 세워 주었다. 그 후로 지금까지 강의는 이어졌고 강의 분야도 더 넓어졌다.

매일 같은 일상에서 우울감으로 힘들어했을 때 주변의 관심과 도움이 나를 변화시키기 시작한 것이라 생각한다. 언니는 나한테서 영향을 받아서 자신을 발전시켜 박사까지 마칠 수 있었다고 고맙다고 한다. 하지만 나는 언니한테 감사하다. 새로운 기회가 있을 때 잊지 않고 챙겨주는 깊은 마음에 감사한다. 언니가 그때 불러주지 않았다면 나의 우울감과 무기력이 주변 사람들까지 힘들게 하지 않았을까 싶다. 다시 생각해 보니 우리는 서로에게 권하고 받으면서 살아가고 있다. 어떨 때는 권하는 게 상대가 싫어할까 봐, 불편하게 할까 봐 망설이게 되지만 그럴 필요가 없을 것 같다. 새로운 선택 할 수 있는 기회가 우리에게 얼마나 오겠는가. 그 후로도 나는 나에게 다가오는 기회들을 최대한 받아들이려고 하고 있다. 언니가 나에게 권한 새로운 세상을 겪어보니 내 세상에 갇혀있지 않기 위해 항상 새로운 도전이 나를 더 좋은 사람으로 변화시키고 발전하게 만든다는 것을 깨달았기 때문이다.

내 삶에 찾아온 터닝 포인트,
나를 위한 첫걸음

•

손수연

집에서 막내였다. 어머니와 단둘이 지내는 시간이 많았지만, 따뜻한 기억으로 남아 있지는 않다. 아버지는 네 살 때 돌아가셨고, 기억 속에 아버지라는 존재는 없었다. 다른 친구들은 가족과 여행을 자주 다녔지만, 나는 그러지 못했다. 친구들이 부러웠다.

어머니 혼자서 2남 5녀를 키우는 일은 벅찬 일이었다. 가정 형편이 넉넉지 않아서 언니 오빠들은 일찍 사회로 나가 돈을 벌었다. 자연스럽게 어머니와 단둘이 지내는 시간이 많아졌다. 그렇다고 해서 특별히 따뜻한 대화를 나누는 것은 아니었다. 어머니는 생계를 위해 바빴고, 나는 홀로 있는 시간이 많았다.

혼자 있는 시간이 많아질수록 외로움이 커졌다.

중학교 2학년 때, 막내 오빠가 암 선고를 받았다. 당시 오빠는 사회생활을 시작한 지 얼마 되지 않았다. 명절 때면 나에게 용돈을 주고 선물을 사다 주던 다정한 사람이었다. 그런 오빠가 갑자기 병원에 입원해야 한다는 소식을 들었을 때, 현실을 받아들이기 힘들었다.

오빠는 서울병원에서 몇 차례 수술을 받았고, 병원과 집을 오가는 생활을 반복했다. 하지만 병세는 점점 나빠졌고, 결국 25살이라는 젊은 나이에 세상을 떠나고 말았다. 병실에서 함께 생활하면서 수많은 고통을 직접 눈으로 지켜봤다. 오빠는 내 앞에서는 힘든 내색을 하지 않았다. 그 모습이 오히려 나를 더 힘들게 했다. 병실에서 함께 보냈던 시간 동안 많은 생각을 했다. '왜 이렇게 열심히 살아도 결국 이렇게 허망하게 끝나야 할까?'

오빠가 세상을 떠난 후, 한동안 깊은 무기력에 빠졌다. 무엇을 해야 할지도 몰랐고, 삶에 대한 의미를 잃어갔다. '나는 어떻게 살아야 할까?' 처음으로 내 삶에 대해 진지하게 고민하기 시작했다. 당시에는 현실을 살아가는 데만 급급했다. 대학에 가고 싶었지만, 경제적인 사정상 대학 진학은 꿈도 꿀 수 없었다.

당장 취업을 해야 해서 선택한 직장이 여행사였다.

여행사에서 10년 넘게 경력을 쌓았고, 직접 운영까지 했지만, 성장하고 있다는 느낌을 받지 못했다. '이것이 정말 내가 원하는 삶인가?'라는 질문이 머릿속에서 떠나지 않았다. 처음에는 여행을 좋아해서 시작한 일이었지만, 시간이 지날수록 돈 버는 일이 되어버린 것 같았다. 고객들과 상담하고, 여행 상품을 기획하는 과정에서 점점 정체되어 갔다.

어느 날, 봉사활동을 함께 하던 국제로타리클럽 회장님이 나에게 대학 진학을 권유했다. "수연 씨, 일하는 것도 중요하지만, 배움을 계속하는 것도 필요해요. 공부를 다시 시작해 보는 건 어때요?" 그 말이 계속 머릿속에 맴돌았다. 일하기에만 급급했지만, 이렇게 살아도 될까 하는 고민이 생기기 시작했다.

처음에는 두려움이 컸다. 공부와 일을 병행할 수 있을까? 나이가 많은데 공부를 시작하면 어색하지 않을까? 고민을 많이 했지만, 결국 전문대에 입학했다. 오랜만에 교실에 앉아 수업을 듣는 것이 어색하면서도 신선했다. 그전까지는 학교가 졸업장을 위한 곳이라고 생각했지만, 다시 다니게 되면서 배우는 즐거움을 깨닫게 되었다.

그렇게 전문대를 졸업한 후, 다시 도전하여 학사 과정을 밟게 되었다. 이번에도 단순히 졸업장을 받는 것이 아니라, 진짜 공부를 하고 싶었다. 낮에는 강의와 컨설팅 관련 일을 하고 밤에는 온라인으로 수업을 들었다. 심리 전공이라 많은 집중력이 필요했다. 피곤한 날에는 졸기도 했다. 과목별로 나오는 과제도 해내기가 버거웠다. 시험 기간에는 일정이 맞지 않아서 나중에 재시험을 본 적도 있었다. 하지만 틈틈이 시간을 내어 공부를 놓지 않았다. 국제로타리클럽 회장님의 권유가 아니었다면, 시도하지 못했을 일이다.

남편도 큰 역할을 했다.

남편은 마케팅 전문가로서 젊은 시절부터 현장에서 다양한 경험을 쌓아왔다. 현장 경험이 풍부했지만, 남편은 그에 안주하지 않고 계속 배우고 성장하려는 자세를 가졌다. 나이가 들수록 배움의 중요성을 절실히 느낀 남편은 창업 석사 과정을 졸업했고, 이후 경영컨설팅학 박사 과정에도 도전했다. 박사 과정을 마친 후에는 연구와 강의, 컨설팅 등 다양한 분야에서 활동하고 있다. 마케팅 관련 책을 세 권이나 집필하며 자신의 경험과 지식을 나누는 데 힘썼다. 남편이 쓴 책들은 현장 실무 경험 위주라 좋은 반응을 얻었고, 마케팅을 배우려는 사람들에게 유익한 길잡이가 되었다.

남편은 모든 일에 최선을 다하는 편이었다. 박사 논문 쓸 때도 그랬다. 거의 한 달 동안 사무실에서 잠을 줄여가며 집중했다. 다른 일을 줄여가며 논문에만 집중했다. 박사 졸업할 때 4편을 이미 완성했다. 이후에도 연구를 게을리하지 않았다. 덕분에 4편의 논문을 더 쓰게 되었다. 자신이 하겠다고 마음먹은 일은 포기하지 않고 꼭 이루어내는 사람이었다.

그런 남편의 모습을 가까이서 지켜보며 많은 것을 느꼈다. 남편은 누가 시켜서가 아니라 스스로 공부할 기회를 찾았다. 시간을 쪼개어 도서관에 가고, 강의를 듣고, 토론에 참여했다. 바쁜 일상 속에서도 배우려는 열정이 남편을 더욱 단단하게 만들었다. 그 모습은 내게 큰 자극이 되었다. 나도 다시 도전해 보고 싶은 마음이 생겼다. 남편역시 내가 도전할 수 있도록 항상 응원을 아끼지 않았다.

그로 인해, 2025년에는 박사 과정에 입학해 즐겁게 다니는 중이다. 남편 덕분에 좋은 동기부여를 늘 받고 있다. 가끔 인생의 스승처럼 느껴지기도 한다. 이런 사람이 내 짝꿍이라서 든든하기만 하다.

나는 내가 변화해야 한다는 것을 깨닫는 데 오랜 시간이 걸렸다. 오빠의 죽음을 계기로 삶을 다시 바라보게 되었다. 국제로타리클럽 회장님의 조언도 중요했다. 무엇보다 동기부여를 시켜준 남편이 있어서 더 성장할 수 있었다.

자기 계발은 단순히 나 자신을 위한 것이 아니라, 결국 주변 사람들에게도 긍정적인 영향을 미친다는 것을 알게 되었다. 나의 변화를 보고 가족들도 도전을 시작했고, 함께 성장할 수 있는 사람들이 많아졌다. 나는 더는 혼자가 아니었다. 함께 배우고 성장하는 과정에서, 더 큰 꿈을 꾸게 되었다.

이제 나는 멈추지 않고 앞으로 나아갈 것이다. 더 많은 것을 배우고, 더 많은 사람에게 도움이 될 수 있도록 노력할 것이다. 자기 계발이 내 삶을 변화시켰듯이, 나 또한 다른 사람들에게 긍정적인 영향을 줄 수 있기를 바란다.

서른아홉

•

원미란

5! 4! 3! 2! 1! 댕~댕~댕 "새해 복 많이 받으세요!" "해피 뉴 이얼!"
제야의 종소리가 울려 퍼지며 많은 사람이 구청 앞 광장에 모였
다. 너 나 할 것 없이 까치발을 하고 미어캣처럼 목을 빼고 벅찬 마음
으로 타종식을 지켜본다. 각자 다른 소망과 기대를 하고 이 자리에
서 있겠지만 그 설렘 온도는 비슷하다. 나도 그 분위기에 휩싸여 슬
며시 눈을 감아본다. 여러 가지 생각들이 교차하고 마음이 복잡해진
다. 문득 엄마가 마흔이 되었을 때를 떠올려 본다. 10대라 가물가물
하지만, 엄마가 젊은 모습 그대로였으면 좋겠고 아프지 않았으면 좋겠
다고 생각했었다. 갑자기 엄마가 늙은 것만 같아서 나도 모르게 눈물
을 쏟았었다. 시간이 흘러 어느새 나도 불혹이 되었다.

결혼을 하고 두 아이의 엄마가 되어 있는 지금, 나처럼 자식을 키
웠을 부모님이 가끔 생각난다. 내가 아주 어렸을 적부터 아빠는 직장
생활을 했다. 새벽 5시쯤 출근해서 저녁 8시가 되어야 퇴근하는 생활

이었다. 내가 성인이 될 때까지 변함이 없었다. 최근 2년 전 정년 퇴임을 했다.

고등학교 때였던가. 출근하는 아빠의 뒷모습을 우연히 본 적이 있다. 유난히도 어깨가 처져 보였다. 가장의 당연한 역할이라 생각했었는데…. 한결같이 가정을 책임지느라 얼마나 마음이 무거웠을까. 마음 터놓고 이야기할 사람 한 명 없이 살아가는 뒷모습처럼 느껴졌다. 힘든 상황에도 끝까지 포기하지 않고 가정을 지켜줘서 감사했다.

당연함이 감사함으로 느껴지기 시작했을 때 비로소 나는 나를 돌아볼 수 있었다. 그때부터였던 것 같다. 나만 생각했던 내가 상대의 입장을 헤아리게 되었다. 어떻게든 아빠에게 힘을 주고 싶었다. 평소 표현력이 부족한 편이었지만, 편지를 써보기로 했다. 한 번은 아빠가 베트남에 출장 가는 일이 있었다. 비행기 안에서 보라고 책을 선물했다. 책 안에 편지를 한 통 써서 넣어 두었다. 나중에 듣게 된 사실이지만, 그 편지를 보고 울컥했다고 한다. 좀 더 열심히 살아야겠다고 다짐도 했었다고. 부지런함과 성실함으로 세 자녀를 키웠으니 지금의 나도 존재하고 있다. 아빠 덕분에 지금까지 엇나가지 않고 살아온 게 아닐까.

타임캡슐을 타고 약 20년 전으로 거슬러 올라가 본다. 수능 점수에 맞추어 학교와 학과를 선택했고 평소 관심 없던 생명공학과에 입학했다. 1년 동안 따분한 대학 생활을 이어갔다. 영어 원서로 수업해서 알아듣기가 힘들었다. 공학책에 나오는 원소 기호는 마치 지렁이가 기어가는 듯했다. 무엇보다 실험 시간이 어렵게만 느껴졌다. 살아있는 실험 쥐에 약물도 투약해보고, 개구리를 해부해보기도 했다. 전문 용어가 많아서 리포트를 쓰는 일도 쉽지 않았다. 팀별 과제가 많았다. 프로젝트를 할 때, 내가 하는 역할이 거의 없었다. 늘 주변인처럼 맴돌기만 했다. 공부하면 할수록 내 길이 아니라는 생각이 들었다.

그때 처음으로 인생에서 중요한 결정을 스스로 내렸다. 생명공학과에서 경영학과로 전공을 바꾼 것이다. 바꾸고 나니 좋은 점들이 많았다. 우선 전공책이 한글로 쓰여 있어서 반가웠다. 모의 주식을 해볼 수 있는 시간도 흥미가 갔다. 현실에 적용할 수 있는 부분이 많아서 더 좋았다. 팀별 과제를 할 때도 예전보다 내 목소리를 더 낼 수 있었다. 공부가 재미있어지니까, 과 생활에도 적극적으로 참여했다. 많은 사람과 친해지면서 소통하는 법을 더 많이 배웠다.

살면서 이 길이 아니라고 느끼는 순간이 있다. 그때는 과감하게 다른 선택을 해 보는 것도 도움이 된다. 해 보고 결과가 나쁠 수도 있다. 그때는 또 다른 선택을 하면 그만이다. 한 번뿐인 인생이라, 이왕이면 내가 좋아하는 일을 하고 싶었다.

전과 후 대학 생활 즐거움에 흠뻑 빠져들었다. 그것도 잠시, 어느덧 3학년이 되어서 졸업을 1년 앞두고 있었다. 겨우 재미를 찾았는데 졸업이 코앞이라니. 이제 곧 세상 속으로 던져질 나를 생각하니 하루하루가 두려움으로 가득 차 버렸다. '이대로는 안 되겠어! 무슨 대책이라도 세워야지' 몇 날 며칠을 고민했다. 마침 눈에 들어온 학교 게시판의 공고문이 하나 있었다. 필리핀 어학연수 학생 모집 공고였다. 친한 친구에게 같이 면접을 보자고 제안했다. 해외는 한반도 가본 적 없던 터라 의지할 단짝 친구가 있으면 좋겠다고 생각했다. 내 마음은 이미 필리핀에 도착해 있었다. 한참을 고민하던 친구는 가지 않겠다고 결정했다. '혼자 잘 해낼 수 있을까?' 걱정은 되었지만 도전해보기로 마음먹었다. 과 선배의 도움으로 간단한 영어 자기소개만 달달 외운 채 면접장에 들어갔다. 영어로 면접을 진행했다. 교수님들이 어떤 질문을 하든지 '나는 꼭 가야 한다.' '간절히 원한다.'라는 영어만 반복했다. 진심이 통했는지 4학년 1학기 봄, 20명의 어학연수 인원에 포함되어 처음으로 낯선 땅으로 갔다. 부모님 그늘에서 벗어난 첫 도전이었다.

난생처음으로 외국을 나갔던 터라 제법 긴장했다. 그것도 잠시, 손짓과 발짓으로 표현하는 영어가 신기하게도 의사소통이 되었다. 하루하루 배움의 재미를 알아갔다. 가는 곳마다 한국인이라는 이유만으로 동경의 눈빛을 보내는 게 느껴졌다. 참 신기한 일이었다. 하굣길에 빠지지 않고 사 먹었던 달고 쫀득한 식감의 도넛은 나를 포동포동하게 살찌웠다. 현지에서 먹는 샛노란 망고 주스는 말로 표현할 길이 없이 향긋하고 달콤했다. 일주일에 두, 세 번 정도 마사지샵에 들렀다. 학생 신분이었음에도 부담 없는 금액이라 그 매력에 푹 빠져들었다. 그뿐만 아니라 주말만 되면 기다렸다는 듯 보라카이, 세부, 기마라스 등 필리핀 내 관광지로 신나게 여행 다녔다. 공부는 뒷전이었다. 생각해 보면 그렇게 열정을 다해 놀았던 때도 없었던 것 같다. 20명과 함께 한 기숙사 생활은 우리를 돈독하게 만들었다. 그때의 인연을 17년이 지난 지금까지도 이어오고 있다. 나의 첫 도전은 막바지에 접어들고 있었다. 4개월이 순식간이었다. 친구들과 제대로 작별할 시간도 없이 하루아침에 한국에 도착했다. 한동안은 현실로 돌아오지 못했다. 당장 무엇을 해야 할지 몰랐다. 이내 정신 차리고 경험과 추억을 비타민 삼아 취업 준비를 시작했다. 더는 새로운 일이 두렵지 않았다.

살면서 많은 변화를 맞이하게 된다. 그 계기가 누군가에 의해서일 수도 있고, 어떤 상황에 따라 정해지기도 한다. 아빠의 처진 뒷모습을 보면서, 좀 더 다른 사람을 이해하게 되었다. 내가 뭘 할 수 있을지 고민했다. 생명공학과에서 경영학과로 바꾼 것도 하나의 계기가 되었다. 맞지 않는다고 느끼면 더 나은 방법을 찾는 것이 바람직하다. 결심했기 때문에 나한테 맞는 대학 생활을 할 수 있었다. 우연히 본 어학연수 공고문이 내 생활에 변화를 가져왔다. 두려웠지만 도전한 덕분에 특별한 경험을 할 수 있었다.

"변화는 성장의 기회이다. 그리고 변화에 대한 열린 마음은 성장의 필수적인 요소이다" 미국의 영화배우인 캐럴 버넷이 한 말이다. 나 역시 변화를 두려워하지 않고, 기꺼이 받아들이면서 나아가고 있다.

꿈은 꾸는 것이 아니고
실천하는 것

•

유연옥

"여자가 시집만 잘 가면 되지, 고등학교는 무슨, 공장이나 다녀서 돈을 벌어야지" 할머니의 불호령에 고등학교 진학은 꿈도 꾸지 못했다.

같은 동네에 살던 한 살 아래 남자 사촌 동생이 있었다. 본의 아니게 같은 학년에 다니게 되었다. 어렸을 때부터 할머니의 이쁨을 독차지했다. 그때 당시 귀했던 바나나도 사촌 동생만 먹을 수 있었다. 내가 좋아했던 곶감도 항상 그 아이 몫이었다. 밥 먹을 때조차도 차별이 있었다. 할머니와의 겸상은 그 아이만 할 수 있었다. 옆집에 살아서 거의 매일 집으로 놀러 왔다. 그런 모습들이 항상 못마땅했다. 그 애가 멀리 이사라도 갔으면 싶었다.

고등학교 원서를 쓰는 시기가 되었다. 사촌 동생은 당당하게 원서를 썼다. 여자인 내가 고등학교 원서를 쓰는 것은 다들 싫어하는 눈치였다. 늘 비교당하는 게 싫어서 이 악물고 공부했었다. 덕분에 성적은 늘 상위권을 유지할 수 있었다. 성적이 좋음에도 기회조차 언지 못해서 더 분한 마음이 들었다.

　나보다 공부를 못하는 애들도 고등학교에 가는데 진학을 할 수 없다는 게 자존심 상했다. 하필 입시제도가 연합고사로 변경되어 실업고에 원서를 썼다. 초등학교 선배의 도움으로 입학시험을 치렀다. 혹시나 장학생이 될 수도 있다는 기대감이 있었지만, 간절한 마음과 달리 장학생 선발에서 탈락했다. 원서를 쓸 무렵부터 방황한 탓에 점수가 부족했다.

　여자라는 이유로 나의 청소년기는 불평과 불만으로 가득했다. 농사일 외엔 수입도 없고 두 동생까지 있어 막막했겠지만 내 편을 들어주지 않는 부모님이 한없이 원망스러웠다.

　중학교 졸업을 앞두고 방황할 무렵 큰언니로부터 편지가 왔다. 고등학교에 갈 수 있다는 내용이었다. 졸업식 다음 날, 옷 한 벌만 싸들고 언니가 사는 안양으로 갔다. 자취방은 주인집 옆에 딸린 작은 방이었다. 둘이 눕기도 빠듯했다. 부엌과 화장실을 주인집과 같이 썼다. 그래도 공부를 할 수 있다는 희망이 생겼다.

　며칠 후 언니의 소개로 전자 부품을 만드는 공장에 취직했다. 전자 부품의 불량을 체크하는 단순노동이었다. 회사에는 기숙사에 생활하는 어린 직원들이 많았다. 또래들은 내가 공부하러 가는 것을 시기했다. 점심을 먹을 때도 나만 제외하고 먹었다. 쉬는 시간에 이야기할 때도 자기들끼리 소곤거렸다. 손은 바쁘게 움직였지만 학원 갈 시간만 기다렸다. 5시가 되면 김 과장님이 "유 양아, 학원 갈 시간이다"

라고 큰 소리로 불렀다. 천국을 가는 듯 기쁜 마음으로 퇴근했다. 다들 잔업하고 있을 때 퇴근해서 미안했지만 입사할 때의 약속을 지켜줘서 고마웠다.

검정고시 학원은 안양역 주변에 있어 버스로 몇 정거장 가면 도착했다. 버스 안은 교복 입은 학생들의 와자지껄 소리로 가득했다. 큰 소리로 삼삼오오 이야기하는 모습을 보면 가슴이 터질 듯 아파 눈을 감았다. 눈을 감아도 귀를 막아도 그들의 환한 모습과 웃음소리가 들렸다. 정류장에 도착하면 쥐구멍에라도 들어가듯 뛰었다. 커다란 유리창에 비친 내 모습은 시들어가는 풀포기 같았다. 화가 나고 억울해서 엉엉 울었다. 나도 하얀 카라가 달린 교복을 입은 고등학생이면 얼마나 좋을까. 내 친구들도 저렇게 환하게 웃으며 떠들고 있겠지, 생각하니 암담하기만 했다.

간신히 3층 학원까지 올라가면 원장님과 수학 선생님은 "괜찮아! 지금 잘하고 있어, 울지 말고 조금만 더 힘내자, 내년에는 분명 고등학교 졸업할 수 있어"라며 토닥여 주셨다. 원장님과 수학 선생님은 같은 고향이라고 각별하게 대했다. 특히 오전 오후 언제든지 수강할 수 있도록 배려했다. 주말엔 종일 학원에 있을 때가 많았다. 그곳은 내가 누리는 최고의 공간이었다.

망연자실 세상 모두를 잃은 것처럼 포기할 때 '연옥아, 너도 고등학교 졸업할 수 있어'라고 말해준 언니 덕분에 검정고시를 시작했다. 공장에서 일하며 학업을 진행하기는 쉽지 않았다. 잘 대해주는 언니들도 있었지만, 동료들의 눈초리는 따가웠다. 중학교 친구들이 고등학교 2학년 여름 방학을 즐길 때 고등학교 졸업 자격시험에 합격했다. 공부를 할 수 있도록 배려해 준 김 과장님, 원장님의 응원 덕분에 드디어 해냈다. 희망이 있었기에 불편한 생활을 감내할 수 있었다. 졸린 눈을 비벼가며 공부할 수 있었던 것도 꼭 하겠다는 의지 때문이었다. 만약 교복 입은 친구들을 부러워만 하고 아무것도 하지 않았다면 원하는 것을 얻을 수 있었을까. 초등학교 4학년 때 받은 사회과 부도에서 처음 등대를 보았다. 나도 그런 존재가 되고 싶었다. 고등학교 검정고시는 어릴 적 꿈인 등대가 되기 위한 첫 발걸음이었다.

IMF 때 남편과 운영하던 광고 대행 사무실을 폐업했다. 남편 친구의 소개로 D 화재보험 영업을 시작했다. 영업은 부담 그 자체였다. 남편 선 후배들의 자동차보험으로 간간이 영업하였다. 남편이 공인중개사가 되면 안정적인 생활이 가능하다고 말했다. IMF에 공인중개사가 도움이 될까 싶었다. 그러나 준비된 자에게 기회는 온다는 말을 믿고 싶었다. 고등학교 졸업 이후 어쩌다 소설책만 보던 내게 법률 용어는 어렵기만 했다. 보험회사에 출근 도장만 찍고 나와 대학 도서관에서 새벽 2시까지 공부했다. 하루 3~4시간 잠을 자며 16시간 이상 시험공부만 했다. 세 아이를 키우면서 쉽지 않았다. 2년 동안 공부에만 매달렸다. 지성이면 감천이라고 2000년 시험에 합격했다. 그해 12월에 사무실을 오픈하며 두 번째 꿈을 이루었다.

부동산 중개사무소를 열고나니 가슴 한편이 뻥 뚫린 듯 허전했다. 2년 동안 매일 도서관에서 살아서인지 뭔가 잃어버린 것 같았다.

그때 남편이 대학을 진학해 보라고 용기를 줬다. 덕분에 01학번으로 방송대학교 법학과에 입학했다. 드디어 대학생이 되었다는 들뜬 기분도 잠시, 또 다른 난관에 부딪혔다. 어디부터 어떻게 해야 할지 막막했다. 동기들과 스터디가 큰 도움이 되었다. 특히 법학과 선배들이 이끌어 주는 시간이 도움이 되었다. 38살에 대학생이 됐음에도 20대로 돌아간 듯 설레었다.

세 아이가 건강하게 자라 준 것도 힘이 되었다. 공부하는 엄마의 모습을 보여줄 수 있어서 뿌듯하기도 했다. 2001년 시작한 공부는 취미가 되어 대학원으로까지 이어졌다. 중개업도 하고 있었지만 주 1회 수업으로 여유로웠다. 대학과 대학원을 병행하니 학습 능률이 더 올랐다. 청소년교육학과에 편입해 청소년지도사, 보육교사, 평생교육사까지 취득했다. 대학원 졸업 후 사회복지사 1급 자격을 취득했다. 고등학교 검정고시와 방송통신대학교는 삶에 있어 가장 큰 에너지원이 되었다.

첫 번째 변화의 계기는 언니의 관심이었다. 방황하고 있을 때, 언니가 보낸 편지 한 장이 힘이 되었다. 다시 도전할 수 있는 용기가 생겼다. 공장 일이 힘들었지만, 검정고시를 볼 수 있다는 희망으로 버틸 수 있었다. 두 번째는 남편의 격려였다. 누구보다 나에 대해 잘 알고 있었던 남편이 길을 안내해 주었다. 나조차도 잘 몰랐던 내 장점을 찾아준 사람이었다. 그 일을 시작으로 지금까지 쉬지 않고 새로운 것에 도전하고 있다.

"한 사람의 진심 어린 관심이 한 사람의 인생을 완전히 변화시킬 수 있다" 미국의 소설가이면서 〈갈매기의 꿈〉 저자인 리처드 바크가 한 말이다. 나 역시 주변 사람들의 도움으로 좋은 선택을 할 수 있었다. 언젠가는 나도 누군가에게 등대 같은 사람이 되고 싶다.

어제보다 나은 나를 위하여

시련이 디딤돌이 되다

•

윤현호

피할 수 없으면 즐기라 했던가. 어둠의 밤이 지나면 밝은 태양이 떠오르는 새벽이 온다. 우리 앞에 닥친 문제는 절망이 아니라 더 나은 삶을 위한 희망의 열쇠다. 포기하지 않고 열심히 살면 위기가 기회로 찾아온다.

우리가 살아가는 인생 여정에는 우여곡절도 있고 희로애락도 있다. 떨어져 죽을 것만 같은 절벽을 만나기도 하고, 한 치 앞도 보이지 않는 암흑 속에 갇혀 있을 때도 있다. 이 긴 터널을 어떻게 지나야 할지 수도 없이 고민하게 된다. 문제에 매몰되지 않기 위해 돌파구가 필요하다. 나에게도 살기 위해 몸부림쳤던 그런 순간이 있었다.

어릴 적부터 하고 싶은 것이 많은 아이였다. 3남 2녀의 장녀인 내게 부모님은 세상에 둘도 없는 자상하고 사랑이 많으신 분이었다. 남녀 차별이라는 것을 한 번도 느껴보지 못했다. 자신감과 당당함과 도전 정신을 심어주었다. 잔소리 한번 하지 않았다. 그런 부모님께 기쁨을 드리기 위해 열심히 공부했다. 맏딸로서 동생들에게 모범이 되려고 노력했다.

아버지에게 윤현호라는 딸이 자랑이 되도록 해 드리고 싶었다. 유년 시절부터 지금까지 게을리 살아본 적 없고, 최고는 아니라도 최선을 다하며 성실하게 살아왔다. 내 인생에 대한 장기 계획을 세우고 노력하며 언젠가 그 자리에 있는 나 자신을 생각하며 열심히 달렸다. 환경에 굴하지 않고 모든 상황을 긍정적으로 바라보며 나에 대한 큰 그림을 그리며 살아왔다.

고등학교 때 군인이 되고 싶었다. 그러나 내 주변에는 군과 관련된 사람이 없었다. 고등학교를 졸업하고 인천에 있는 아버지 지인에게 인사차 가게 되었다. 그곳에서 군복을 입은 한 남자를 보게 되었다. 그도 고향 선배인 아저씨를 만나러 온 참이었다.

우연인지 필연인지 자연스럽게 군 이야기를 하게 되었다. 그렇게 몇 개월을 만났고 대학생활은 하지도 못한 채 대위였던 그 사람과 결혼하게 되었다. 군인이 되고 싶었던 꿈은 사라졌고 가정주부로만 10년을 지내왔다.

중학교 2학년 때 수업이 끝나고 몇몇 친구들과 교실에 남아 비전을 나누었던 일이 있었다. 아직 꿈이 없는 친구들도 있었고, 어떤 친구는 현모양처가 꿈이라고도 했다. 그때 나는 "누군가에게 아이 엄마로 불리지 않고 내 이름을 가지고 당당하게 사는 것이 꿈이야"라고 말했다.

40여 년 전이라 여성이 직업을 갖는다는 것이 드문 시대였다. 친구들은 그 말이 무슨 뜻인지 이해하지 못했다. 그러나 결혼 후 나도 역시 그 친구들처럼 내 이름은 사라지고 딸과 아들의 엄마로 살아가고 있었다. 그것이 행복하기는 하지만 나라는 존재는 어디 있는지 회의가 들기도 했다. 그때 사회적으로, 가정적으로 상상도 하기 싫은 풍파가 닥쳐왔다.

딸이 10살, 아들이 9살, 내 나이 30세인 1997년에 IMF가 찾아왔다. 남편은 제대하고 컴퓨터 관련 사업을 하고 있었다. 시작한 지 얼마 되지 않아서 가정을 책임질만한 경제적 여유가 없었다. 게다가 경기 침체로 인해 연쇄 부도까지 났다. 남편은 한순간에 신용불량자가 되었다. 엎친 데 덮친 격인가. 대출을 받아 빌라를 매매했는데, 집조차도 경매에 놓이게 되었다. 앞이 캄캄했다. IMF는 국가적인 문제였다. 억대의 수표를 회수하지 못하면 어떻게 살아야 할지 막막했다.

당시에 많은 사람이 경제적 압박으로 자살하고, 가정이 무너지고, 이혼하는 등 사회가 혼란에 빠져 있었다. 그때 남편을 바라보았다. 이 사람만큼은 지켜야 한다. 열심히 살아보려고 했던 죄밖에 없다. 혹여나 딴생각은 하지 않을까. 내내 불안했다.

내가 할 수 있는 유일한 방법은 그 사람의 손을 잡아주는 것이었다. 어느 날 남편이 시누이를 찾아가 이런 말을 했다고 한다. 현호는 아직 젊으니까 혹시 아이들을 키우다가 힘들다고 하면 누나가 아이들을 맡아 달라고. 그 말을 듣는 순간 '아직도 나를 모르는 사람이구나' 생각했다. 내 아이는 어떤 경우에도 내가 키운다.

나는 위기에 강한 사람이다. 어려운 일이 있어도 좌절하지 않는다. 오히려 기회라고 생각한다. 피할 수 없다면 부딪혀야 하고, 부딪히다 보면 길이 열린다. 내가 일어나야 하고 내가 아이들을 지켜야 한다. 일단 살아야 하니 얼마라도 벌어야 했다. 오직 이 생각뿐이었다.

내가 잘할 수 있는 일은 무엇일지 고민했다. 초등학생을 가르치는 일에는 자신 있었다. 그래서 학원 강사를 찾아봤다. 흔쾌히 받아주는 곳이 있어서 감사했다. 낮에는 학원에서 학생들의 영어와 수학을 가르치고, 저녁에는 집에서 동네 아이들 과외를 했다.

이것이 내가 본격적으로 사회생활을 하게 된 계기가 되었다. IMF로 남편과 7년 동안 떨어져 살 수밖에 없었지만, 남편이 살아 있어 주어서 고마웠다. 사장이라는 직함을 버리고 가족에게 도움을 주기 위해 닥치는 대로 일하는 게 안쓰러웠다.

꿋꿋하게 살아내는 나를 보며 '나도 무엇이든 해서 도움을 주고 싶다'라고 남편이 말했다. 가끔 만나면 서로 응원하고, 떨어져 있으면 격려하며 각자의 자리에서 최선을 다해 살았다. 언젠가 빚을 다 갚고 함께 사는 그날을 기대하면서 서로의 생명줄을 붙잡아 주었다.

남편의 빈 자리로 외롭고 힘들 때 나를 붙들어 준 것은 학업이었다. 어디엔가 집중할 시간이 필요했다.

낮에는 학원에서 일하고 저녁에는 일주일에 두 번씩 과외를 했다. 남는 시간을 활용해 4년제 야간대학교에 입학하여 공부에 전념했다. 그것이 나를 견디게 해 주는 끈이었다.

4년 공부 마치고 다시 법학과 3학년에 편입했다. 남편의 사업과 관련한 법 지식을 갖고 싶었다. 또 나와 비슷한 일을 겪는 사람에게 도움을 주고 싶기도 했다. 2년 후에는 총신대학교 신학 대학원에 입학했다. 어릴 적부터 꿈꾸던 분야였다. 선한 영향력을 끼치는 일이라고 여겼다. 3년 동안 치열하게 공부했다. 목사가 되었다. 더 깊은 공부를 위해 일반 대학원에도 진학했다. 소그룹을 공부하는 학과였다. 그것이 계기가 되어 지금은 강남 세브란스 병원에서 환자와 보호자들을 보살피는 상담 목사로 일하고 있다.

이혼 위기에 있는 사람들을 만나면서 가정 사역의 필요성을 느꼈다. 그래서 가정 사역 연구소인 하이패밀리에서 6개월간 상담 공부를 했다. 실제로 내담자들을 만나면서 가정의 중요성을 알리고, 다시 회복할 수 있게 도움을 주었다. 병원에서 근무하다 보니, 죽음에 대해 알고 싶어졌다. 국립 연명 의료기관에서 사전연명의료의향서 작성해주는 상담사 자격을 이수했다.

이 외에도 자기 계발을 위해 꾸준히 공부하고 있다. 여기저기서 '윤현호'라는 이름으로 사는 것이 행복하다. 지금은 모든 빚 갚고 건설회사 대표가 된 남편과 서로 격려해 주며 행복하게 살고 있다. 가족을 위해 열심히 살아준 남편에게 고맙다.

나에게도 변화의 계기가 있었다. IMF로 인해 사회생활을 시작했다. 일하게 되면서 가정 경제에 조금씩 보탬이 되었다. 무엇보다 학업을 통해 나를 성장시킬 수 있었다.

돌이켜 보니, 시련이 꼭 나쁜 것만은 아니었다. 그것은 더 나은 나를 만들어 준 디딤돌이었다. 거창하지 않아도 좋다. 큰 수확이 없어도 좋다. 누구에게나 인생에는 굴곡이 있다. 포기하지 않으려 했던 몸부림이 오늘의 나를 만들었다. 환경 탓만 한다면 할 수 있는 일이 무엇이 있을까. 어려움을 문제로 바라보지 말고 도구 삼아 일어난다면 좋은 날이 온다. 시련을 기꺼이 받아들이는 마음 하나면 충분하다.

어제보다 나은 나를 위하여

이상한 대표님을 만나다

•

전수은

30대 노처녀의 평범한 삶. 입사하기 전 내 모습이었다. 특별히 잘하는 것도 없고, 꿈도 없이 하루하루 살아내고 있었다. 아빠는 내가 19살 되던 해에 돌아가셨다. 엄마 혼자 자식 4명을 키워야 했다. 안 그래도 어려웠던 가정 형편이 더 어려워졌다. 고생만 하던 엄마마저 허리 수술을 받다가 4년 전에 내 곁을 떠났다. 물려받을 유산은 10원도 없었다. 30살이 넘도록 내 명의 집도 없고, 모아둔 돈도 없었다. 결혼도 못 하고, 남편도 자식도 없는 그저 그러한 인생. 부모는 마음의 울타리 같은 존재이다. 나에게는 울타리가 없다. 세상천지에 기댈 곳 없이 혼자 던져진 기분이었다. 대학생일 때는 생활비를 벌기 위해 투잡, 쓰리잡을 해야 했었다. 청소, 서빙, 식당 설거지 등 나를 받아주는 일이라면 다 했다. 등록금 낼 돈이 없으니 장학금을 받기 위해 밤을 새우며 공부했다. 코피가 나고 어지러워 쓰러지는 일은 일상이었다.

생활비 걱정에 계산기를 몇 번씩 두드리며 한숨을 쉬어야 했다.

휴학하고 아르바이트하며 돈을 모았다. 천 원 한 장이라도 아껴가며 저축했다. 용돈벌이 삼아 하는 아르바이트가 아니었다. 나에게는 생존이었다. 꿈은 사치라고 생각했다. 당장 먹고살기 위해 악착같이 살아야 했다. 남이 쓴 변기통을 닦고, 도끼 같은 칼로 생닭을 자르며 벌었던 피 같은 돈이었다. 먹고 싶은 거, 사고 싶은 거 참아가며 차곡차곡 모은 돈을 28살 때 전부 날렸다. 몇 년 동안 알고 지내던 지인에게 전 재산을 사기당했다. 2천500만 원 정도였다. 지금이라면 인생 과외비 냈다고 생각하고 털어버릴 수 있다. 그때는 아니었다. 소녀 가장 같은 나에게는 수십억과도 같은 돈이었다. 그것은 나에게 돈보다 더 큰 의미가 있었다. 살아보고자 하는 삶에 대한 의지와 미래에 대한 희망이었다. 세상이 나를 속인 기분이었다. 절벽 끝으로 밀어붙이는 것만 같았다. 알고 보니 그 사기꾼은 주변에 20억 넘게 사기를 친 사람이었다. 그는 잠적 후 한 달 만에 다시 나타났다. 뻔뻔스럽게 자기는 홀가분하다고 말했다. 미안함은 하나도 없어 보였다. 고소하든지 마음대로 하라고 했다. 울고불고하며 조금이라도 돌려달라고 애원해봤지만 한 푼도 받을 수 없었다. 다시 0부터 쌓아 올리는 게 막막했다. 도움받을 수 있는 곳도 없었다. 한동안 알코올중독자처럼 지냈다. 빈속에 술만 먹었다. 맨정신으로는 견디기 힘들었다. 신은 견딜 수 있는 고통만큼만 시련을 준다고 하는데, 이 정도 고통이면 신이 나를 과대평가한 거 같았다. 잠들기 전, 내일 아침은 눈을 뜨지 않았으면 싶었다. 그런 못난 바람은 이루어지지 않았다.

술에 취해 한심한 나날들을 보내던 중, 문득 이런 생각이 들었다. '내가 여기서 무너지면 지는 거다' 이대로 끝내버리면 세상에 지는 것 같았다. 세상이 아무리 날 흔들어도 절대 무너지지 않겠다고 마음먹었다. 사기꾼을 생각하면 내 마음만 고통스러워지니 잊어버리기로 했다. 받지 못할 돈 때문에 지금의 나를 망치고 싶지 않았다. 생활고 때문에 슬픔에만 빠져 있을 수 없었다. 아직 어리니까 할 수 있다는 생각으로 다시 일을 시작했다. 공인중개사 자격증이 있어서 부동산 일을 먼저 시작했다. 저녁에는 지인의 음식점에서 일을 도왔다. 3년 동안 밤낮없이 일하며 기반을 다졌다. 프리랜서로 일하다 보니 수입이 일정치 않았다. 많이 버는 달에는 1,000만 원을 훌쩍 넘게 벌었지만 못 버는 달에는 100만 원 벌기도 어려웠다. 30대가 되니 급여가 적어도 안정적인 월급을 받고 싶은 마음이 들었다. 회사에 입사할지 공무원 시험을 준비할지 심각하게 고민했다. 직장생활은 나랑 맞지 않는다고 생각했다. 대학 졸업하고 처음 입사한 무역회사의 영향이 컸다. 회사 생활은 수감생활 같았다. 종일 감옥 같은 사무실에 갇혀 복종해야 하고, 비합리적인 일에도 내 의견 하나 내지 못했다. 강압적인 회사가 부당하게 느껴졌었다. 이유 없이 몸이 아팠다. 병원에 가서 검사해도 특별한 원인이 나오지 않았다. 의사들은 스트레스가 원인일 거라는 말만 했다. 입사한 지 1년도 못 채우고 무역회사를 그만두었다. 그런 경험 때문에 다시 회사 생활을 할 수 있을지가 고민이었다. 그때쯤 대학 선배가 제안했다. 지인이 사업을 시작했는데 같이 일해보자는 제안이었다. 내키지 않았다. 처음엔 거절했었다. 선배는 몇 번 이야기하다 작전을 바꿨다.

"일 안 해도 돼. 사무실 어떻게 생겼는지 구경하고, 커피만 마시고 오자"라는 선배의 말에 속아 지금 대표님을 만나러 갔었다. 건물 관리, 부동산, 인력 사업, 교육, 보안 시스템 등 여러 부서가 있는 기업 컨설팅 회사였다. 어색하게 사장실 문을 열고 들어가니 짙은 녹색 티에 베이지색 바지를 입은 남자분이 서 있었다. 184cm의 훤칠한 키에 호리호리한 젊은 남자분이 반갑게 맞이해주었다. 생각보다 대표님이 엄청 젊었다. 대기업에서 영업사원으로 오래 근무하다가 본인 사업을 한 지 얼마 되지 않았다. 굵직하지만 신뢰감 있는 목소리로 회사 설립 이유와 미래 성장 방향을 구체적으로 설명해 주었다. 꿈과 야망이 큰 40살 젊은 대표님이었다. 그동안 만나왔던 사장님들과는 확실히 달랐다. 같이 일해보고 싶은 마음이 들었다. 입사 후 맡은 직무는 교육부서였다. 기업들의 법정교육과 직무교육을 온라인 교육으로 수익을 내는 일이었다. 교육부서 전체에 대한 관리를 전적으로 맡겨주었다. 처음이었다. 경력도 없는 나에게 믿음과 기회를 주는 일. 잘 해내서 나에 대한 믿음에 보답하고 싶었다.

처음엔 50개 정도 되었던 관리 업체들을 모두 방문해 인사했다. 직접 만나서 친분도 쌓고, 교육에 대해 자세히 설명했다. 이야기해 보니 기업마다 교육을 수강할 수 있는 여건이 달랐다. 한두 가지 교육 컨설팅 방법으로는 현실적인 문제가 많아 보였다. 그래서 기업마다 다르게 맞춤 교육컨설팅을 해주었다. 교육 수강률이 높아졌다. 실현 가능한 방법으로 컨설팅을 했기 때문이다. 그동안 대표님은 새로운 업체들 영업해 주었다. 기존 고객들이 다른 업체를 소개해 주는 일도 많아졌다. 관리 업체 수가 점점 늘었다. 50개에서 100개가 되었고 150개, 200개로 늘었다. 수익도 처음보다 4배가 넘게 많아졌다.

"수은 씨 처음 봤을 때, 딱 강사님 이미지가 떠올랐어" 입사한 지 1년 좀 지났을 때 대표님이 한 말이다. 온라인 교육 업무만 하지 말고 대면 강의를 해보는 게 어떻겠냐는 제안이었다. 살면서 단 한 번도 생각해 본 적 없는 일이었다. 극 내향적인 나였다. 많은 사람 앞에 나서는 일은 싫었다. 낯가림이 심하고, 관심받는 거 싫어하는 내 성향에 맞지 않는다고 생각했다. 강사의 이미지가 떠올랐다고 강사를 할 수는 없었다. 대중 앞에 있는 내 모습을 생각만 해도 땀이 흐르고 얼굴이 빨개졌다. 발표 공포증이 심했다. 그날 이후 대표님이 다시 강사 제안을 할까 봐 피해 다녔다. 몇 개월간에 설득 끝에 마지못해 강사라는 일을 해보기로 했다. 회사지원으로 '국민강사교육협회'라는 곳에 등록하게 되었다. 강사가 될 기회를 준 거다. 대표님은 비용 지원을 해줄 테니 원하는 거 다 해보라고 했다. 이상한 대표님이었다.

각종 자격증 공부를 위한 책값 지원, 배우고 싶은 교육비를 전액 지원했다. 성과를 못 내더라도 탓하지 않았다. 회사에서는 나보다 능력 있는 직원을 뽑으면 그만이다. 하지만 내가 성장할 수 있을 때까지 묵묵히 기다려주었다. 대표님에게도 힘든 시절이 있었기 때문에 기회를 주는 것 같았다. 입사한 지 5년이 지난 지금도 대표님은 "수은 씨가 원하는 거 있으면 다 해 봐"라고 한다. 부모님에게도 들어보지 못한 말이다. 30대 초반, 우연히 이상한 대표님을 만났다. 처음으로 보잘것없던 내 손을 잡아준 도현우 대표님. 내 인생에 두 번은 없을 은 인이다.

　한 치 앞도 보이지 않는 인생을 살았다. 죽고 싶은 순간도 많았다. 살아내기가 지치고 버거웠다. 꿈을 꿀 여유조차 없었다. 나에게 하루는 견디는 시간에 불과했다. 돈이 없어서 밥을 굶을 때도 많았다. 희망 없이 살아가던 내게 손을 내밀어 준 사람들이 있었다. 진로에 대해 고민하던 때 지금 회사를 소개해 준 선배. 무조건 나를 믿고 지원을 아끼지 않는 대표님. 덕분에 다시 일어설 힘이 생겼다.
　모든 일은 지나간다. 죽을 듯이 힘든 일도 지나고 보니 추억이된다. 인생은 동굴이 아니라 터널이다. 어둠이 지나면 언젠가 빛을 만난다. 긴 어둠을 버티고 버티다 보면 웃을 수 있는 날은 반드시 온다. 내가 나를 포기하지 않으면 언제든 희망은 있다. 내가 그랬던 것처럼.

2부

약점 보완,
강점 계발

걸림돌이
디딤돌로 바뀌는 순간!

•

김경우

변해야겠다고 생각했다. 그러기 위해서는 나를 먼저 알아야 했다. 자기 계발이라는 것도 나를 먼저 알아야 제대로 할 수 있다. 나는 어떤 사람일까? 마음에 드는 모습도 있고 고치고 싶은 모습도 보였다. 지금까지 살아온 내 모습을 천천히 들여다보기 시작했다.

외모 콤플렉스 덩어리. 단점은 나를 한없이 움츠러들게 했다. 또래 친구 중 엄마보다 작은 애는 나뿐이었다. 163cm 큰 키에 예쁜 엄마. 아버지의 끈질긴 구애로 결혼까지 했다. 엄마를 닮았으면 좋았으련만 아버지를 닮아버렸다. 바람은 바람일 뿐 마음처럼 되는 게 없다. 이마가 좁으면 소견머리가 없다는 말을 들으며 자랐다. 그러다 보니 앞머리는 항상 내려야만 했다. 당시 코미디프로그램에 순악질 여사가 유명했다. 성격은 괄괄하고 눈썹은 일자였다. 인기가 있었지만, 매우 우스꽝스러운 모습이다. 프로그램을 볼 때마다 웃어도 웃는 게 아니었다. 내 눈썹도 일자 눈썹이었다. 갈매기가 날아가는 아치형의 눈썹이 왜 그렇게 부러운지. 어느 날 생각 끝에 눈썹을 다 밀어버렸다. 그날 저녁 엄마에게 호되게 야단을 맞았다. 한동안 연필로 짝짝이 눈썹을 그리고 다녀야만 했던 흑역사가 있다. 무쌍에 작은 눈. 작은오빠는 내 눈을 보고 "뜨다만 조개눈깔, 지금 눈 뜬 거야?"라며 놀려댔다. 한두 번도 아니고 그럴 때마다 너무 속상해서 울었다. 그렇게 울 때마다 막내 언니는 가방에서 물풀을 꺼내 쌍꺼풀을 만들어주었다. 눈이 동그래지면서 커졌다. 맘에 쏙 들었다. 평소에는 티격태격하던 언니였지만 이 순간만은 구세주를 만난 듯이 무척 고마웠다. 그렇게 해도 바뀌지 않는 외모였지만 이후로도 우린 종종 쌍꺼풀을 만들며 즐거워했다.

평소 덜렁대는 편이다.
간척사업으로 섬이 육지가 되었다. 부모님은 또 다른 바다를 찾아 고향을 떠났다. 초등학생이었던 나는 작은엄마 집으로 보내졌다. 그 집도 가족이 많았다. 3남 1녀다. 가족이 많은데 내가 밥그릇을 더했다. 내게 눈칫밥을 주지 않았으나 청소할 곳을 일부러 찾아서 했다. 제삿날이었다. 제사를 지내기 위해 큰집에 갔다. 큰집은 200m쯤 거리에 있었다. 제사에 필요한 그릇이 부족했다. 작은엄마가 그릇을 가지러 가려는데 내가 갔다 오겠다며 문을 먼저 나섰다. 큰집에서 작은집으로 다시 왔다. 대문을 열고 마루로 올라갔다. 집은 불이 꺼져 있어서 어두웠다. 가운데 방으로 들어갔다. 더듬거리며 초를 찾았다.

성냥으로 불을 켰다. 촛불을 켜고 마루로 나왔다. 마루 한 모퉁이에 정리해 둔 그릇 상자를 열기 위해 촛불을 높이 들었다. 갑자기 주위가 환해졌다. 항아리 안에 넣어둔 억새 묶음에 불이 붙었다. 가슴이 두방망이질을 쳤다. 생각할 겨를도 없이 손으로 항아리를 밀쳤다. 항아리는 마루에 나동그라졌다. 억새에 붙은 불은 꺼질 줄 모르고 나무 바닥이었던 마루를 태우고 있었다. 샘으로 달려가 바가지에 물을 떠 마루의 불을 껐다. 정신이 하나도 없었다. 하마터면 작은엄마 집을 다 태울 뻔했다. 제사를 지내고 집으로 돌아왔다. 집 마루의 처참한 모습에 주눅이 들었다. 괜찮냐고 얘기해주었지만 들리지 않았다. 가족의 따가운 시선으로 인해 얼굴이 화끈거렸다. 이불에 누워 덜렁거리는 나를 자책했다.

나는 음식 하는 걸 좋아한다. 6남매다. 형제자매가 많다 보니 큰언니와 나는 13년 정도 나이 차이가 난다. 내가 5살 때쯤 큰언니는 좋아하는 사람이 생겼다. 언니 남자친구가 집에 올 때면 내가 밥을 챙겨주곤 했다. 그 사람은 달래장을 밥에 쓱싹쓱싹 비며 잘도 먹었다. 맛있게 먹고 나면 덕분에 잘 먹었다며 고마워했다. 겨울이 갓 지난 쌀쌀한 초봄, 그날도 언니와 함께 집에 왔다. 나는 바구니와 호미를 들고 산비탈로 향했다. 이른 봄 눈이 녹아도 땅은 얼어있다. 달래가 있는 언 땅을 호미로 찍었다. 시루떡 떨어지듯 덩이덩이 흙이 떨어졌다. 언 흙덩이에 달래가 숨어있었다. 달래의 싹은 아직 나기 전이었다. 차가운 날씨에 곱은 손가락으로 한 개씩 달래를 뽑았다. 한주먹

거리만큼 캔 달래를 바구니에 넣어 집으로 향했다. 또 저녁 밥상 위에 달래장이 올라왔다. 언니가 좋아했던 그 사람은 밥을 두 그릇이나 먹었다. 그 모습을 보면서 꽁꽁 언 손가락이 따뜻해졌다. 달래장을 좋아했던 사람은 큰언니와 결혼했다. 내가 해 준 음식을 먹고 행복해하는 사람들을 보면서, 음식 하는 걸 더 좋아하게 되었다.

　새벽 시간을 잘 활용하는 편이다.
　강사를 하고 있다. 2년째 새벽 독서 모임에 참여하고 있다. 일하면서 책을 읽는 것이 쉽지 않았다. 새벽 5시 전에는 일어나야 한다. 어릴 적부터 일찍 일어나는 습관 덕분에 일어나는 것이 어렵지 않다. 인문학과 경제독서를 하고 있다. 인문학의 매력은 무궁무진하다. 삶의 지혜를 배울 수 있다. 다른 사람을 이해할 때 도움이 된다. 나를 되돌아보게 만든다. 경제독서 또한 금융 강사인 내게 많은 도움이 되고 있다. 더 많은 경제용어를 알게 되었다. 주중의 중요한 경제 뉴스도 알 수 있다. 함께하는 선생님들의 경제궁금증을 듣기도 한다. 독서를 하지 않았으면 몰랐을 것들이다. 필요하면 절실해진다는 걸 느낀다. 독서 모임 덕분에 새벽 시간을 온전히 공부하는 데 쓸 수 있다. 새벽 시간은 오로지 나를 위한 시간이다.

　봉사활동을 꾸준히 하고 있다. 도서관 사서 봉사활동을 시작으로 '청로회 쉼터' 봉사에 참여하고 있다. 명절 때는 독거 할머니 할아버지에게 제사음식을, 평일에는 주 1회 음식을 만들어 배달해 드린다. 매주 화요일 9시부터 12시까지 음식을 만들고 있다. 회사에 취직하고 나서는 음식 만드는 시간에 참여할 수 없었다. 배달로 바꾸었다. 차가 있으니 배달은 할 수 있겠다는 계산에서였다. 일하면서 점심시간을 이용해 배달했다. 팀장이 되면서 담당구역이 다른 지역으로 바뀌었다. 왕복 2시간은 족히 걸렸다. 5년도 넘게 봉사했던 음식 배달 봉사를 그만두고 싶지 않았다. 아침에 일하러 갔다가 저녁에 음식 배달했다. 사계절 중 특히 더운 여름이 문제였다. 저녁에 배달하면 음식이 상할 수 있었다. 결국, 강행군을 시작했다. 일하기 위해 오전 8시에 출발했다. 1시간 걸려 당진에 도착했다. 일하다가 배달을 위해 11시에 홍성으로 되돌아왔다. 12시 30분에 배달을 마치고 다시 당진 가서 일하고 저녁에 집에 오기 일쑤였다. 시간도 시간이지만 기름값이 장난 아니었다. 50만 원을 훌쩍 넘었다. 남편은 사업하냐 뭔 기름값이 그렇게 많이 나오냐며 볼멘소리다. 그렇게 몇 달을 지속했다. 봉사하는데 길에 버리는 돈이 만만치 않았다. 결국, 다른 대책을 세웠다.

배달 봉사는 그만두고, 바로 아이와 함께 주말 설거지 봉사를 하기로 했다. 큰아이가 중학교 2학년, 나머지 두 아이는 초등학생이다. 주말에 봉사하려면 가족여행을 가는 건 쉽지 않다. 하나를 선택하면 다른 하나는 포기해야 한다는 기회비용이 작용했다. 아이들이 봉사활동에 응해주었다. 정말 고마웠다. 함께 봉사하며 이야기를 많이 했다. 아이들이 자라면서 고민도 함께 자랐다. 들어주다 보면 고민이 해결되는 경우가 생겼다. 봉사하며 많은 추억을 쌓았다. 봉사하는 그곳이 우리에게는 대화의 장소가 되었다. 그렇게 2년이 흘렀다. 봉사하는 모습을 보면서 남편도 함께 참여하게 되었다. 가족 봉사 완전체가 된 것이다. 가족 봉사한 지 10여 년이 지난 지금, 아이들은 모두 성인이 되었다. 봉사를 그만두지 않고 꾸준히 해온 지금은 어느 때보다 행복하다.

나에 대해 생각해 보았다. 외모에 대해 콤플렉스가 있었다. 성격도 덜렁거리는 편이다. 그래도 나름 음식은 잘했다. 새벽 시간을 잘 활용해서 부지런히 살아가기도 한다. 무엇보다 어려운 사람들을 위해 봉사활동을 10년 넘게 하고 있다. 마음에 안 드는 부분도 있지만, 나의 장점도 많다. 단점보다는 장점에 집중하면서 살아가고 싶다. 완벽한 사람은 없다. 미운 점보다는 매력을 더 찾아가면서 나아가고 있다.

약점을 딛고,
강점으로 날다

•

김선영

인천 강화에서 태어났다. 바닷가가 보이는 작은 마을이었다. 1남 3녀 중 맏이였다. 부모님과 외할머니가 아들을 바랐다. 그러다 보니 자연스럽게 형제가 많아졌다. 넷째가 아들이었다. 그동안 실망만 하셨던 외할머니가 산후조리를 해주러 오기도 했다. 그만큼 아들은 환영받는 존재였다. 막내만 읍내에 있는 어린이집에 다녔다. 아들이라서 받는 혜택이 많았다.

집에서 가까운 곳에 바다가 있었다. 놀거리가 거의 없던 시절이라 낚시하는 사람이 많았다. 갯벌 중간중간 솟아 있는 바위에서 주로 낚시를 했다. 물이 들어올 때 빠져나오지 못하고 바다에 밀려가는 사람이 많았다. 그중에는 옆집에 살던 친한 동생도 있다. 그 아이는 사고 당시 18살이었다. 아들만 세 명인 집에서 둘째였다. 서글서글하고 붙임성이 좋은 아이였다. 그러다가 어느 날 사고 소식을 들었다. 믿기지 않았다.

바닷가 근처라 물에 빠져 죽는 사고가 잦았다. 주변에 공동묘지도 많았다. 마을에 전해 내려오는 무서운 이야기도 늘 들었다. 그러다 보니, 자연스럽게 집 밖으로 나가기 싫어졌다.

초등학교 2학년 때의 일이었다. 같은 반에 한 살 많은 친구가 있었다. 그 애가 나를 따돌렸다. 여자아이들에게 나랑 놀면 같이 놀지 않겠다고 협박했다. 그 아이가 전학 가는 5학년 1학기까지 따돌림은 계속 이어졌다. 무려 3년이 넘는 기간 동안 주로 혼자서 생활했다. 학교 대표로 대회에 나갈 때가 많았다. 미술 경시 대회, 글짓기 대회, 웅변대회 등 빠지지 않고 나갔다. 덕분에 선생님들의 예쁨을 독차지했다. 아마도 그런 모습 때문에 나를 괴롭히지 않았을까 싶다. 이런 환경이나 상황들이 나를 겁 많고 내성적인 사람으로 만들었다.

사람은 누구나 부족함이 있다. 나 역시 수많은 어려움을 겪었다. 가장 큰 약점은 두려움과 소심함이었다. 어린 시절부터 새로운 환경에 대한 적응이 어려웠고, 익숙하지 않은 상황에선 쉽게 불안해졌다. 이런 성격은 친구를 사귀는 것에도 영향을 주었다. 인천시 강화군 화도면에서 태어나 초등학교, 중학교를 시골에서 나왔다. 내성적인 성격 탓에 친구가 없었다. 한동네 살던 세 명의 친구가 전부였다. 나는 고등학교에 진학하면서 부모님을 떠나 낯선 도시, 부천에서 생활하게 되었다. 소심하다 보니 누구와도 가까워지지 못했다. 그때 한 아이가 전학을 왔다. 똑똑하고 예쁜 아이였다. 처음으로 그 아이가 나에게 말을 먼저 걸어줘서 친하게 지내게 되었다. 하지만 오래가지 못했다.

전학해 온 지 한 달 만에 다시 전학 갔다. 친구가 가고 난 다시 혼자가 되었다. 오직 할머니, 작은아버지, 사촌들처럼 가족하고만 어울렸다. 이러한 성격은 결혼 후 시댁에서의 생활을 더욱 어렵게 만들었다. 가족 간의 미묘한 관계에서 오는 긴장감, 주변 이웃들의 시선 그리고 시골이라는 폐쇄적인 환경 속에서 나는 점점 더 움츠러들었다.

시어머니의 지나친 간섭과 새로운 생활 환경의 낯섦은 나를 고립감 속으로 밀어 넣었다. 감시받는 듯한 느낌, 자유롭지 못한 생활은 내 마음속 두려움을 키웠다. 그 결과 우울증이라는 심각한 문제를 맞닥뜨리게 되었다. 교회에 가지 못한 것, 이웃들과 제대로 소통하지 못한 것은 내가 두려움을 극복하지 못한 탓이었다.

그러나 약점은 결코 나를 완전히 지배할 수 없었다. 이를 극복하고 싶어서 몇 가지 노력을 했다. 우선 사람을 만나면 큰소리로 인사했다. 인사를 하는 사람도 있었고, 모른 척 지나치는 사람도 있었지만 개의치 않았다. 게다가 일부러라도 밖에 나가 사람을 만났다. 주로 점심 먹고 난 후 밖으로 나갔다. 시장도 가고 시골길도 걸었다. 딱히 약속이 있었던 것은 아니었다. 가만히 있으면 더 우울해질까 봐 나름 노력한 것이다. 신앙 모임도 꾸준히 참여했다. 사람들과 만나면서 대화하는 것도 피하지 않았다. 덕분에 동네 상황도 잘 이해할 수 있었다.

내가 가진 가장 큰 무기는 성실함과 꾸준함이었다. 장녀이기 때문일까. 어려서부터 책임감이 강했다. 부모님이 농사일로 바쁘다 보니 아이넷을 돌보는 것에 많은 시간을 쏟을 수 없었다. 나는 자연스럽게 동생 세 명을 돌보게 되었다. 책임감은 어떤 어려움이 있어도 내게 주어진 일을 꼭 완수하게 했다. 시댁에서의 어려움 속에서도 맏며느리로서 내가 해야 할 일은 게을리하지 않았다. 두 아이를 키우는 육아에서도 최선을 다했다. 책을 읽어주는 일, 문화센터에 가고 도서관에 가는 일을 게을리하지 않았다. 에어로빅 수업을 통해 내 몸과 마음을 단련한 일은 모두 나의 성실함이 만든 결과였다.

또한, 배우고 성장하려는 열정도 강점 중 하나다. 새로운 환경에 적응하는 데는 시간이 걸렸지만, 자신을 포기하지 않았다. 대전으로 이사 한 후 아이들과 함께 문화센터를 다니고, 영어 동화책을 읽으며 새로운 가능성을 찾았던 것도 이러한 열정 덕분이었다. 영어를 가르치게 된 경험은 단순히 일거리를 얻는 데서 끝난 것이 아니라, 배움의 열정을 더 확장할 수 있는 계기가 되었다. 애비게일 애덤스(Abigail Adams)는 "Learning is not attained by chance, it must be sought for with ardor and diligence"라고 말했다. 아비게일 애덤스의 이 말은 배움이 우연히 이루어지는 것이 아니라, 개인의 열정적인 노력과 성실한 태도를 통해 달성된다는 점을 강조한 것이다.

이런 점들은 나를 자기 계발의 길로 이끌었다. 아이들에게 동화를 읽어주는 단순한 활동에서 시작해 유아 영어 강사가 되고 싶다는 꿈을 꾸게 되었다. 실제로 강사 채용 과정에서 나의 꾸준한 노력과 성실함은 심사위원들에게 좋은 평가를 받는 원동력이 되었다. 유아 영어 강사로 활동하며 다양한 경험을 했다. 한번은 이런 일이 있었다.

아이들에게 영어 동화책 'The Very Hungry Caterpillar'를 읽어주었다. 아이들은 애벌레가 나비가 되는 과정을 직접 눈으로 보고 싶어 했다. 마침, 딸아이가 다니던 유치원에서 누에를 나눠줬다. 예쁜 투명 플라스틱 통에 신선한 뽕잎을 깔고 누에를 넣어 내가 가르치는 아이들에게 보여줬다. 며칠 동안 누에를 키우면서 아이들은 애벌레가 나방이 되는 과정을 지켜보며 자연의 신비에 감탄했다. 이 경험을 통해 나는 아이들에게 영어를 가르치는 것뿐만 아니라 자연과 함께 성장하는 즐거움을 나눌 수 있다는 것을 깨달았다.

우리는 약점을 극복하려는 노력에 많은 에너지를 쏟곤 한다. 내 경험에 따르면 약점을 보완하는 것보다 강점을 계발하는 데 집중하는 것이 훨씬 더 효과적이다. 소심하고 겁이 많은 편이다. 그런 성격 때문에 낯선 환경을 두려워한다. 무슨 일이든 적응하는 데 오래 걸린다. 이런 내 모습이 늘 싫었다. 하지만 나를 계속 비판만 하지 않고, 내가 잘할 수 있는 일에 초점을 맞추었다. 아이들과의 시간을 소중히 여기고, 영어 교육이라는 새로운 기회를 잡으며 나의 강점을 활용하려고 노력했다. 배우는 기회가 생기면 주저하지 않고 도전했다. 무엇보다 시작하면 끝까지 포기하지 않았다.

누구나 완벽하지 않다. 마음에 들지 않는 모습도 있고, 제법 자신 있는 모습도 있다. 비판만 하지 말고, 그 시간에 장점을 더 계발해서 지금보다 나은 삶에 집중하는 것이 낫다. 지금도 나는 성장하는 중이다.

꿈꾸는 애벌레는
약점도 강점으로 만든다

•

김용화

미국의 작가이자 교육자인 헬렌 켈러는 이렇게 말했다.

"우리는 우리의 약점을 받아들일 때, 그것을 강점으로 바꿀 힘을 얻는다."

누구에게나 약점이 있다. 하지만 그것을 강점으로 바꾸기 위해서는 노력이 필요하다. 약점은 마치 그림자처럼 우리를 따라다닌다. 나 역시 어려서부터 내성적인 성격으로 인해 자신감이 부족했다. 낯선 장소나 새로운 사람을 만날 때면 늘 긴장했다. 새로운 환경에 적응하는 데도 시간이 오래 걸렸다. 대화도 쉽지 않았다. 강의실에서는 아무도 없는 자리를 찾아 앉았다. 토론해야 하는 상황에서도 적극적으로 의견을 내기보다는 상대방의 이야기를 듣는 편이었다. 내가 답답하게 느껴졌다. 좀 더 활발한 사람이었으면 좋았겠다는 아쉬움도 있었다.

그러던 중 한 강사님의 말이 내 마음을 움직였다. '엄마가 소극적이면 자녀들도 똑같이 소극적인 사람이 된다.'라는 말을 듣고 내성적인 성격을 바꾸기로 했다. 조금씩 용기를 내어 대화를 시도하고, 내 의견도 표현하려고 노력했다. 처음에는 어색하고 힘들었지만 연습할수록 자신감이 생겨났다. 그리고 시간이 지나면서 깨달았다. 내성적인 성격이 꼭 약점이 아니라는 것을. 상대방의 이야기를 경청하며 신중하게 생각하고 행동하는 태도, 그리고 대화를 나누려는 노력도 내성적인 사람만이 가질 수 있는 강점이었다. 약점을 받아들이는 순간, 더는 약점이 아니라 새로운 기회가 된다. 나는 앞으로도 나만의 강점을 키워 성장해 나갈 것이다.

처음으로 내가 부족한 사람이라고 느낀 순간을 기억한다. 초등학교 6학년 미술 시간이었다. 선생님이 자유롭게 그리고 싶은 그림을 그리라고 하였다. 고민하던 중, 예쁜 꽃병에 있는 꽃들이 눈에 들어왔다. 최선을 다해 정성껏 그림을 그렸다. 하지만 발표 시간, 선생님의 눈에는 내 그림이 그저 볼품없어 보였는지 핀잔을 주었다. 쥐구멍에라도 들어가고 싶은 심정이었다. 더 속상했던 것은 같은 그림을 그린 옆자리 친구는 칭찬을 많이 받았다는 사실이었다. 어린 마음에 깊은 상처가 남았다. 그날 이후, 나는 스스로 그림을 못 그리는 아이라고 생각하기 시작했다. 자연스럽게 그림 그리는 것을 좋아하지 않게 되었다. 남 앞에서 평가받는 것이 두려웠다.

그러던 어느 날, 우연히 미술 치료에 관한 책을 읽게 되었다. 그

책에는 이렇게 적혀 있었다. '잘 그리고 못 그리고의 문제가 아니라, 중요한 것은 그림을 통해 자신의 감정을 표현하는 것이다.' 순간, 어린 시절의 기억이 떠올랐다. 나는 그림을 단순히 평가받아야 하는 대상으로만 여겼던 것이다. 그림이 나의 감정을 담아낼 수 있는 도구라고 생각해 본 적이 없었다. 그때부터 나는 그림에 대한 두려움을 극복하기 위해 완벽하게 잘 그려야 한다는 부담감에서 벗어나 보기로 했다. 내가 좋아하는 방식으로 자유롭게 표현하는 연습을 시작했다. 처음에는 색연필로 낙서하듯이 그려 보았다. 그러자 마음이 한결 편해졌다. 마음 가는 대로 선을 긋고, 모양을 만들다 보니 그림에 대한 두려움이 조금씩 사라졌다. 처음에는 서툴고 엉성했지만, 점차 나만의 색깔이 담긴 그림이 완성되기 시작했다. 어릴 적 상처가 조금씩 아물어가는 느낌이었다. 그림이 평가받아야 할 대상이 아니라 나를 표현하는 하나의 방식이라는 것을 깨달았다. 무엇보다도 있는 그대로의 나를 받아들이는 것이 중요하다는 걸 알게 되었다. 약점을 숨기거나 부정하는 것보다 인정하고, 나만의 방식으로 표현하는 것이 진정한 성장이었다.

14년 전, 우연히 교차로 신문을 보게 되었다. 다양한 광고가 실려있었다. 신문 뒷면에서 유독 눈에 띄는 광고가 하나 있었다. 바로 전래놀이 지도사 과정이었다. 광고를 보는 순간, 어린 시절 친구들과 함께했던 놀이가 떠올랐다. 딱지치기, 비석 놀이, 고무줄놀이, 숨바꼭질 등 특별한 준비물 없이도 종일 신나게 뛰어놀았던 기억이 났다.

놀이 자체가 최고의 즐거움이었고, 자연스럽게 배우는 시간이기도 했다. 어린 시절 즐겼던 놀이가 교육 과정으로 운영된다는 사실이 신기했다. 새로운 사람을 만나는 것이 망설여졌지만 용기를 내어 신청했다.

첫 수업 날. 설레는 마음으로 교육장에 도착했다. 그런데 교실에 들어서는 순간, 조금 당황했다. 교육생들의 연령대가 예상보다 훨씬 높았기 때문이다. 나처럼 추억이 떠올라서 온 걸까, 아니면 다른 목적이 있을까 궁금했다. 자기소개 시간이 있었다. 이야기를 나누다 보니 대부분 나와 비슷한 이유로 신청했다. 어릴 적 즐겼던 놀이의 즐거움을 다시 경험하고 싶었고, 가족과 함께하고 싶어서 이 과정을 신청했다고 했다. 수업이 이어질수록 점점 더 흥미로웠다. 단순히 놀이 방법을 배우는 것이 아니었다. 놀이의 교육적 의미와 세대 간 소통의 가치를 배우는 과정이었다. 어느새 우리는 어린 시절로 돌아간 듯 깔깔거리며 놀이를 즐기고 있었다. 오랜만에 마음껏 뛰고 웃었다. 놀이가 놀고 즐기는 것뿐 아니라 사람과 사람을 연결하고 관계를 맺어주는 강력한 힘이 있다는 것을 깨달았다. 그렇게 16주 과정을 무사히 마치고 자격을 취득했다.

처음에는 낯선 사람들과 어울리는 것이 부담스러웠다. 새로운 환경에 적응하는 데 시간이 걸렸고, 무엇보다도 내성적인 성격이 가장 큰 약점이라고 생각했다. 하지만 놀이를 통해 사람들과 자연스럽게 소통하는 과정에서 내성적인 성격이 오히려 상대방의 감정을 세심하게 살피고 편안한 분위기를 만들어주는 강점이 될 수 있다는 것을 알게 되었다. 예전에는 나의 약점을 극복해야 한다고만 생각했다. 그런데 이제는 그 약점이 나만의 강점이 될 수 있다는 것을 전래놀이 과정을 통해 경험하고 배웠다. 주저하고 망설이던 나였지만 도전이 나를 변화시켰다.

주변에서 미련할 정도로 한 가지에 집중한다는 소리를 듣곤 했다.

공부를 일단 시작하면 4년 이상 걸리는 것도 놓지 않고 이어갔다. 사회복지사 공부를 2014년에 시작했다. 도서관 봉사나 어르신 돌봄 봉사를 하면서 사회복지사 자격증에 관심이 갔다. 어떻게 하면 딸 수 있는지 여러 방면으로 알아보았다. 사이버 대학에 가는 방법도 있었고, 일반 대학 과정도 있었다. 시간 제약이 있어서 어느 때나 들을 수 있는 사이버 대학에 진학하기로 했다. 1년 만에 사회복지사 2급을 취득하게 되었다. 이어서 사회복지사 공부를 더 해서 학사 학위를 받게 되었다. 그 이후로 어르신들 상담과 돌봄 역할을 시작했다. 10년 정도 꾸준히 사회복지 관련 일을 했다. 지금 하고 강의도 사회복지와 관련한 것이 많았다. 어르신들이나 청소년들을 만나 상담할 때 많은 도움이 된다.

2014년부터 사회복지 공부를 시작해 2025년 지금까지, 11년간 관련 분야에서 경험을 쌓고 있다. 미련하다고 들었던 나의 약점이 꾸준함이라는 강점이 되었다.

내가 걸어온 길을 돌아보면 약점은 결코 극복해야 할 장애물이

아니라 나를 더 단단하게 만들어주는 또 하나의 가능성이었다. '태도
는 당신이 어떤 일에 임하는 방식을 결정한다'라는 말이 있다. 약점을
단순히 나쁘게만 받아들이지 않고 나에게 도움이 되는 방향으로 바
꾸어 가고 있다. 꿈꾸는 애벌레가 언젠가 아름다운 나비가 되듯이.

나란 사람? 누구?

·

김진주

    자기 계발을 해보려고 하니 무엇을 좋아하고, 하고 싶은 건 무엇인지 전혀 알 수가 없었다. 내가 배우고 싶은 부분은 있는지, 미래에 무얼 하면서 살고 싶은지, 어떤 질문에도 확실하게 대답할 수 없었다. 자기 계발을 하려면 나에 대해 아는 게 먼저라는 생각이 들었다.

    의자에 앉아서 나는 어떤 사람인지 생각해 보았다. 딱히 떠오르지 않았다. 내가 누구인지 몰라서 친한 친구들에게 나에 관해 물어봤다. "나는 어떤 사람이야?" 돌아오는 대답이 예상 밖이었다. "넌 해맑아", "의리 있어", "4차원이야" 같은 대답이 돌아왔다. 대답을 보면서 생각에 잠겼다. 내가 나를 참 모르고 살았다는 생각이 들었다.

    내가 좋아하는 것에 대해 생각해 보았다.

    우선 몸 쓰는 운동을 좋아한다. 태권도를 초등학교 2학년 때부터 대학교 2학년 때까지 배웠다. 13년 가까이 포기하지 않고 배운 건 처음이다. 하나씩 단을 따면서 승급하는 재미가 있었다. 처음에 흰

띠부터 시작해서 검정 띠까지 땄다. 품새 대회나 겨루기 대회에 나갈 때도 많았다. 대회장에서 느낄 수 있는 특유의 향기가 있었다. 많은 사람이 모이는 압도적이 분위기도 마음에 들었다. 태권도 하면서 만난 사람들도 좋았다. 운동을 좋아하는 친구들이다 보니, 매사에 열정이 많았다. 나도 덩달아 그들의 활동적인 모습을 닮아갔다. 특히 성격이 긍정적인 편이었다. 잘 웃고 장난도 잘 치면서 재미있게 태권도를 배웠다. 가끔 행사에 초대받아 시범단 무대를 보여줄 때도 있었다. 시범단의 절도 있는 모습에 사람들이 환호를 보내줬다. 내가 대단한 사람이 된 듯한 기분을 느꼈다. 그런 모든 매력 덕분에 태권도를 계속할 수 있었다.

중학교 가서는 유도도 배웠다. 중학교에 유도부가 있었다. 전교생이 일주일에 한 번 유도를 배우는 시간이 있었다. 배우면서 유도의 매력에 점점 빠져들었다. 나보다 덩치가 크다거나 키 큰 사람을 제압할 수 있어서 좋았다. 더 잘해보고 싶은 마음이 들었다. 마침 학교 근처에 유도 학원이 있었다. 2학년 때는 학원등록까지 해서 유도를 체계적으로 배웠다. 중학교 졸업할 때까지 유도 사랑은 계속되었다.

복싱도 좋아했다. 다니던 고등학교에 복싱부가 있었다. 선생님의 추천으로 복싱부에 들어가게 되었다. 기초부터 천천히 배웠다. 처음에는 줄넘기만 했다. 두 달 정도 지나고 나서 기본 기술을 배우기 시작했다. 생각보다 빨리 습득했다. 스텝도 태권도와 비슷한 부분이 많아 익숙했다. 평소 운동하던 습관이 많은 도움이 되었다. 고등학교 3년 동안 매일 가서 배웠다. 학교 안에 있는 체육관에서 배우기도 하고, 제휴를 맺은 학원에 가서 배우기도 했다. 생각해보면 몸을 움직이는 모든 것들을 좋아했었다는 걸 알 수 있었다.

새로운 시도를 하는 것을 좋아하는 편이다. 특히 새로운 장소에 가 보는 것을 즐긴다. 예전에 파주에 있는 판문점에 간 적이 있다. 판문점 안에 있는 땅굴 마을에 가려면 신분증을 보여주어야 했다. 통과되는 사람만 들어갈 수 있었다. 신기했다. 6·25 때 북한군이 파 놓은 땅굴이었다. DMZ(비무장지대)에 있어서 경비가 삼엄했다. 안전모를 착용하고 15분 정도 걸어서 내려갔다. 중간중간 돌이 떨어질 가능성이 있어서였다. 바닥에 물기가 있어서 질퍽거리는 구간도 있었다. 높이가 낮아서 허리를 숙이고 들어가야 했다. 맨 끝에 철창이 있었다. 이후로는 북한 땅이라고 했다. 다시 오르막길을 통해 나오는 과정도 쉽지 않았다. 생각보다 허리와 다리가 아팠다. 그래도 새로운 세상을 볼 수 있어서 흥미로웠다.

사람 만나는 것에도 낯을 가리지 않는다. 모임이나 행사에 빠지지 않고 참석하는 편이다. 친구 중에는 아는 사람만 만나는 유형도 있다. 하지만 나는 모르는 사람을 만나는 것에 거부감이 별로 없다. 사이버 대학교 학과 모임에 참여한 적이 있다. 군경상담학과 특성상 군인과 경찰이 많았다. 사이버 수사대에 근무하는 사람도 있었고 지구대에 근무하는 사람, 마약 수사과를 담당하는 사람도 있었다. 다양한 분야에 있는 사람들을 만날 수 있었다. 모임에 적극적으로 참여한 덕분에 많은 20대부터 70대까지 다양한 연령대의 사람들과 교류할 기회가 생겼다. 같이 MT를 간 적도 있다. 대략 30명 정도 되었다. 경기도 가평 펜션을 빌렸다. 새로운 사람을 만나는 것에 어려움이 없는 성향이라, 여행에도 모든 사람과 잘 어울렸다.

무서워하는 것도 많다. 평소 물을 무서워하는 편이다. 초등학교 6학년쯤 태권도 학원에서 계곡에 놀러 간 적이 있었다. 친구들이 장난친다고 나를 물에 빠뜨렸다. 계곡 수심이 갑자기 깊어지는 곳이 있었다. 발이 땅에 닿지 않아서 당황했다. 그때부터 허우적거리기 시작했다. 아이들은 내가 장난친다고 생각했다. 시간이 지나가 친구들도 심각성을 느꼈다. 다행히 주변에 어른들이 있어서 빠져나올 수 있었다. 잠시였지만, 물에 빠져서 죽을 수도 있겠다는 공포를 느꼈다. 그 이후로 물이 무섭게 느껴졌다.

무서워하는 게 또 있다. 동물을 무서워하는 편이다. 다니던 회사가 건물 4층에 있었다. 사무실 바로 옆은 고양이 카페였다. 그날따라 조금 일찍 출근했다. 엘리베이터 문이 열렸다. 건물 안은 불이 꺼져 캄캄했다. 고양이 카페 주인이 고양이들을 복도에 풀어놓았다. 고양이들이 환한 엘리베이터 쪽으로 걸어오고 있었다. 온몸에 소름 끼쳤다. 다급하게 닫기 버튼을 눌렀다. 한 공간에 그렇게 많은 고양이가 있는 것을 처음 봤다. 아직도 그때를 잊을 수가 없다. 그 사건으로 인해 지금도 고양이 사진을 못 볼 정도로 무서워한다. 개도 무서워한다. 중학교 때 내 키만 한 개한테 쫓긴 적이 있다. 학교 마치고 집으로 가고 있었다. 하굣길 중간쯤에 주유소가 하나 있다. 정확한 종은 기억나지 않지만, 모습이 진돗개와 비슷했다. 순간 많은 생각이 들었다. 무서운 마음에 갑자기 뛰기 시작했다. 그랬더니 개도 나를 따라 뛰었다. 개한테 잡힐 것 같아 아파트 담을 넘었다. 그러던 중, 교복 치마가 찢어졌다. 신경 쓸 여력이 없었다. 전속력으로 달려 아파트 현관에 도착했다. 겨우 개를 따돌릴 수 있었다. 그런 사건을 겪다 보니 '동물이 나를 해칠 수도 있겠다'라는 생각이 들면서 무서워졌다. 이제는 동물 무서워하는 걸 극복해 보고 싶다.

단점도 적지 않다. 하고 싶은 건 많은데 꾸준히 하는 게 부족하다. 처음에는 여러 가지 시도하는데 잘하는 일 아니면 끝까지 마무리 짓지를 못한다. 통기타를 배운 적이 있다. 운지법을 비롯해 기초를 배웠다. 일주일에 한 번 통기타 동아리를 찾아가 배웠다. 3달 정도 배우고 나서 금방 열정이 식었다. 장구도 관심이 있었다. 문화센터에 있는 과정을 수강했다. 여기도 일주일에 한 번 배우는 과정이었다. 6개월 정도는 다녔다. 하지만 끝까지 마무리하지 못했다. 피아노도 마찬가지다. 피아노는 매일 배우러 갔다. 이것만큼은 꾸준히 하자고 생각했지만, 중간에 포기하고 말았다. 지금은 어떻게 치는지 기억도 나지 않는다.

고집이 센 편이다. 한 번 선택하면 주변의 조언을 듣지 않고 밀고 나간다. 결혼 후에 투자 컨설팅 회사에 다닌 적이 있다. 아르바이트 앱을 통해 알게 된 곳이었다. 면접을 보고 다음 날부터 출근하게 되었다. 개발지역을 알아보고 투자를 권유하는 곳이었다. 남편이 그 사실을 알고 몇 번이나 가지 말라고 설득했다. 남편 조언을 듣지 않았다. 꾸준히 다녔다. 다닐수록 땅에 투자하라고 강요하는 느낌을 받았다. 점점 부담스럽게 느껴졌다. 같이 근무했던 동료들은 빚을 내서 땅을 사기도 했다. 하루는 실장님이 나를 불렀다. 어차피 이 땅을 고객에 팔 테니, 나에게 먼저 계약금을 내고 먼저 선점하라고 권유했다. 당황스러웠다. 거절했는데 자꾸 나를 설득했다. 그때 남편 말대로 이상한 곳이 아닐지 생각하게 되었다. 결국, 다닌 지 1년 만에 그 회사를 나오게 되었다. 항상 무언가를 할 때, 주변 의견도 들어보는 게 중요하다고 느끼는 계기였다.

처음으로 나를 마주하는 시간이었다. 생각했던 것보다 내가 좋아하는 것이 참 많았다. 내가 무서워하는 것들도 꽤 있었다. 부족한 점도 보였다. 그래도 걱정하지 않는다. 부족한 점은 앞으로 메꿔나가면 된다. 꾸준히 나를 돌아볼 것이다. 앞으로도 많은 실수를 하고 실패도 하겠지만 주저하지 않고 나한테 맞게 도전하는 삶을 살아갈 것이다. 나에 대해 알아가는 소중한 시간을 갖게 되어서 의미가 있다. 이런 시간이 있어야 비로소 인생을 제대로 볼 수 있다.

내 안의 약함과 강점

•

문숙정

사람은 누구나 자신의 장점과 단점을 가지고 살아간다. 나는 나 자신을 돌아보며 나만의 강점과 약점을 객관적으로 파악하려고 노력해 왔다. 이를 통해 스스로를 이해하고, 더 나은 방향으로 나아가기 위해 노력하고 있다.

배우는 것을 진심으로 좋아한다. 새로운 지식과 기술을 배우며 이를 삶에 적용하고, 실천해 나가는 과정을 즐긴다. 특히 사람들과 소통하는 능력을 배우고 익히는 데 많은 관심을 두고 있다.

아이들을 가르치며 중요하게 여겼던 것은 단순히 지식을 전달하는 것이 아니라, 아이들의 심리를 이해하고 그들의 마음을 함께 돌보는 일이다. 입시학원이라는 특성상 아이들의 성적 또한 중요하다. 하지만 아이들은 학습 과정에서 어려움을 느끼거나 심리적으로 불안정할 때가 많다. 문을 열고 들어오면 표정부터 살핀다. 학생들은 이런저런 이야기를 나에게 많이 해주었고, 나는 그들에게 필요한 정서적 지지를 제공하려고 노력했다. 졸업한 애들이 찾아와서 이런저런 이야기하는 친구들을 보면 고맙고 자존감도 올라갔다. 일이 힘들고 지칠 때도 학생들과 주고받은 문자나 카톡이 에너지가 되어주었다. 30년 동안 운영하던 학원을 정리한다고 했더니 학생들이 문자로 톡으로 마음을 전해왔다. 힘든 순간이 많았는데 학생들이 보내준 마음을 보면서 30년의 수고로움이 기쁨이 되었다.

'원장 선생님~자꾸 눈물이 나려고 해서 이제 답장 보내요. OO 학원 다니는 동안 가르쳐 주시느라 수고 많으셨습니다. 자주 찾아 뵈어야 하는데 그러질 못했네요ㅠㅠ. 선생님은 제가 생각하는 어른에 가장 부합하는 성격을 가지고 계세요. 너무너무 멋져요. 언제나 건강 잘 챙기시고 절대 아프지 마세요.' - 안O효

'제가 많이 존경하는 선생님 그동안 너무너무 수고 많으셨어요! 항상 건강하시고 행복하세요! 앞으로의 날들도 늘 응원하겠습니다.' - 홍O은

'그동안 수고 많으셨습니다. 선생님 덕분에 학원 다니면서 행복했어요'
  - 이O희

학생들을 가르치면서 열심히 배운 것들을 적용해서 학생들의 마음을 보살피려고 했던 못난 선생을 기억해주는 학생들에게 더 감사한 마음이다.

일에 적용하기 위해 배운 것도 있었지만 나의 만족을 위해 배운 것들도 있다. 좋아하는 한복을 입을 수 있을 것이란 생각으로 가야금과 어릴 적부터 하고 싶었던 유화를 배웠다. 안 하던 활동을 하면 세상을 그만큼 더 보게 되는 걸 느낄 수 있었다. 가야금 실력이 좋아졌다고는 할 수 없지만, 더 많은 세상을 알게 된 것 같다. 유화를 배우며 나 자신을 표현하는 법을 익혔고, 가야금을 통해 한국 전통음악의 아름다움을 느낄 수 있었다. 이러한 예술 활동은 단순히 취미에 그치지 않고, 내 삶의 깊이를 더해 주는 중요한 경험이 되었다. 가야금을 가르치시는 선생님이 수학 선생이라 흥이 없어 가르치기 힘들다고 하셨지만 그래도 참 열심히 배웠다.

나의 단점은 누군가를 돕는 일에 지나치게 몰입하다가 종종 상처를 받는다는 점이다. 특히 어려운 상황에 있는 사람이나 불쌍하다고 느껴지는 사람을 보면 외면하지 못하고 도와주려는 마음이 앞선다는 것이다. 특히 혼자서 아이를 키우는 엄마를 보면 그냥 못 지나쳐서 학원비를 안 받고 여러 해를 가르친 적도 있다. 하지만 학부모들은 도움을 받은 것을 숨기고 싶었던 것 같았다. 학원을 무료로 다닌 것이 왜 속상했는지 알 수 없다. 보호자와 나만 아는 일이었고 그때 도움을 받은 학생들은 그 일을 지금도 모른다. 알게 하고 싶지도 않지만, 보호자들이 마지막에 보이는 행동은 여전히 이해가 되지 않는다. 말없이 이사를 가거나 학생들을 방치하며 보내지 않는 부모들도 있었다. 도움을 고맙게 받는 것도 좋은 능력이라고 생각하는데, 그들은 나와 생각이 달랐다. 힘든 친구에게 돈을 빌려주면 점점 연락이 뜸해지기도 하였다. 9년 동안 일할 기회를 준 친구는 다른 기댈 언덕이 생겼다며 말도 없이 연락을 끊더니 몇 달 후 다시 찾아와 일할 장소를 요구하기도 하였다. 후배나 친구를 도우려다 보니 그들에게 뒤통수를 맞거나 배신을 당한 적이 적지 않았다. 나는 그들이 힘든 상황을 이겨내고 더 나은 방향으로 변화하게 될 것으로 믿었다. 하지만 돌이켜보면, 그들을 변화시키고자 했던 것은 어쩌면 나의 욕심이었을지도 모른다. 상대방이 변화하려는 의지가 없는 상태에서 내가 그들을 도우려 했던 행동은 오히려 그들에게 부담이 되었을 수도 있다. 도움을 받고 나서 나를 공격하는 경우도 있었다. 나한테 왜 저러지? 자신의 스트레스를 나한테 푸는 건가? 아니면 나의 오해인가? 그럴 때는 즉각적으로 반응을 해서 싸우기도 해봤고 솔직한 대화를 시도해보기도 했다. 하지만 매번 상처를 받았다. 도움을 받았던 것이 싫고 지우고 싶은 기억이었을까? 여전히 그들의 행동을 잘 모르겠다. 내 형편에 다른 사람을 돕는다는 것은 오지랖이다. 나와의 관계가 더 깊어지길 바란 나의 욕심이었나 보다. 이러한 경험들은 마음의 상처를 남겼다. 하지만 교류 분석을 배우면서 나를 뒤돌아보게 되었다. 상대방을 도울 때는 그들의 입장과 의지를 더 깊이 고려해야 한다는 교훈을 얻게 되었다. 누군가를 도우려 할 때 자신의 감정에 치우치기보다는 더 객관적이고 신중했어야 한다. 나의 기준으로 생각하고 판단해서 그들에게 강요한 건 아닌지 제대로 된 소통을 한 것인지 반성하게 된다.

나의 장점과 단점을 통해 나 자신을 더 깊이 이해하게 되었다. 배우는 것을 좋아하고 배움을 잘 적용하는 나의 강점은 삶의 원동력이 되고 있으며, 이러한 열정을 통해 계속해서 성장하고 있다. 한편, 지나친 배려로 인해 상처받았던 경험들은 나를 조금은 성숙한 사람으로 만들어 주었다. 강의할 때 성공한 삶을 살기 위해서는 자기 이해 능력이 높아야 한다는 말을 많이 한다. 내가 나를 아는 것이 모든 것의 기본이다. 내가 뭘 좋아하는지 잘하는지를 알면 진로 결정이나 즐거움을 찾기가 쉬울 것이다. 자신이 싫어하고 불편한 상황을 알고 있으면 피하게 되어 스트레스를 줄일 수 있고 마음을 조금이라도 편안하게 할 수 있을 것이다. 사람은 행복하게 사는 것이 궁극적 목표라고 생각한다. 그러기 위해서는 자신을 잘 알고 있는 것이 중요하다.

경청, 나를 빛나게 하는
가장 강력한 힘

•

손수연

고교 시절, 친구들과 어울리는 것을 좋아했다. 자연스럽게 리더십을 발휘하는 역할을 맡았다. 학창 시절 3년 내내 학급 실장을 맡았고, 학생회 총회장을 하면서도 많은 친구와 교류하며 의견을 조율하는 역할을 했다. 리더로서 가장 중요하게 여겼던 것은 먼저 나서서 말하기보다 친구들이나 학생들의 이야기를 듣는 것이었다.

돌이켜보면, 주도적으로 나서기보다 주변 사람들의 의견을 듣고 조언해주는 것에 더 능숙했다. 친구들이 열 마디를 하면 나는 세 마디 정도로 응답했을 뿐이었다. 그들의 고민을 진심으로 들어주고, 공감하며 함께 해결책을 찾는 일이 나에게는 자연스러운 일이었다. 그런 부분들이 내가 잘하는 일인 것을 알게 되었다. 남의 이야기를 잘 듣는 성향은 사회에 나와서도 이어졌다. 직장생활을 하면서 수많은 사람을 만나고, 사업을 운영하며 다양한 활동에 참여할 때도 다른 사람들의 이야기를 잘 들었다.

남의 이야기를 잘 듣는 자세는 나의 강점이자 살아가면서 중요한 무기가 되었다.

강의 활동을 하면서 이 강점이 더욱 빛을 발했다. 소상공인시장진흥공단의 컨설턴트로도 활동하고 있다. 공단 일을 하면서 경청 능력이 큰 도움이 된다. 소상공인시장진흥공단에서 진행하는 희망리턴 패키지 사업의 일환으로 심리상담 분야를 맡고 있다. 이 사업은 폐업을 앞둔 소상공인들이 심리적으로 어려움을 겪을 때 그들의 이야기를 듣고 재기의 희망을 심어 주는 역할을 한다.

호남 지역(전라남도, 전라북도, 광주광역시, 제주도)을 담당하며 4년째 일하고 있다. 그동안 내가 만난 소상공인 대표만 해도 300명이 넘는다. 하루 평균 두 번의 미팅을 진행한다. 한 번 미팅할 때 4시간에서 6시간가량 상담을 진행한다. 긴 시간 동안 앉아서 이야기를 듣다 보면 엉덩이에 좀이 쑤실 때도 있다. 지칠 때도 있지만 그들의 이야기를 들어주고 삶에 희망을 줄 수 있다는 사실에 보람을 느낀다.

광양의 한 소상공인 대표님의 사례가 아직도 기억에 남는다. 커피숍에서 만나자고 약속을 잡았다. 미팅 시간은 오후 1시였지만 한 시간 일찍 도착해 12시부터 기다렸다. 끼니도 거르고 미팅 장소에 도착했던 그날의 기억이 선명하다. 차를 주문하고 노트북을 켜서 일하며 기다렸다. 시간이 되자 대표님이 강아지를 안고 나타났다. 순간 '미팅에 강아지까지 데리고 오는 건 좀 예의에 어긋나지 않나?'라는 생각이 들었지만 불편한 생각은 상담을 진행하면서 사라졌다. 다행히 강아지는 생각보다 순했고, 대표님의 무릎 위에 얌전히 앉아 있었다.

대표님은 사업을 시작한 이유부터 운영하며 겪었던 애로사항을 토로했다. 사업을 정리하게 된 배경과 개인적인 고충까지 많은 이야기를 털어놓았다. 나는 대표님의 이야기를 중간에 끊지 않고 경청했다. 그는 삶의 의욕을 잃었다고 호소하며 강아지가 유일한 친구라고 말했다. 그 말에 깊이 공감하며 그의 이야기에 집중했다. 그렇게 시간이 흘러 어느새 저녁 5시가 되었지만, 대표님은 일어날 기미를 보이지 않았다. 중간에 자를 수 없었다. 결국, 미팅은 7시가 넘어서야 끝이 났다.

가장 오래 진행했던 상담 중 하나로 기억한다. 대표님은 그날 이후에도 가끔 전화를 걸어와 그때 받은 도움에 대해 감사 인사를 전하곤 한다. 현재 새롭게 가게를 열고 재기하여 열심히 살아가고 있다. 이러한 소식을 들을 때마다 내가 들어주는 일이 누군가에게 큰 힘이 되었음을 느낀다.

이와 같은 사례는 한두 개가 아니다. 다른 지역에서 만난 한 소상공인 대표님도 기억에 남는다. 그 대표님은 폐업 이후 경제적인 어려움뿐 아니라 심리적인 고통도 겪고 있었다. 두 차례에 걸쳐 장시간 상담을 진행했다. 그가 털어놓은 가족사와 사업 실패에 대한 자책감은 듣는 나조차 마음이 아팠다. 대표님이 다시 일어설 수 있도록 공감과 위로를 먼저 전했다. 공단지원사업에 대한 정보를 자세히 안내

했다. 재취업을 위한 교육 프로그램을 안내했다. 재취업을 하면 나오는 전직장려수당을 받을 수 있도록 도움을 드렸다. 시간이 지난 후 대표님은 새로운 도전을 시작했고, 이후에도 종종 연락을 주고받으며 안부를 전하고 있다.

종일 일하다 보면 피곤할 때도 있지만, 마음만은 늘 보람차다. 한 대표님은 나에게 "이런 이야기를 가족에게도 못 했는데, 컨설턴트님에게 털어놓으니 마음이 후련하다"라고 했다. 그럴 때면 내 일이 단순한 상담이 아니라 누군가의 인생에 긍정적인 변화를 주는 일이라는 것을 깨닫게 된다.

물론 나 또한 항상 완벽할 수는 없다.

나에게도 부족한 면이 있다. 그중 하나가 물건을 잘 잃어버리는 것이다. 강의와 컨설팅을 병행하다 보면 일과가 빽빽하게 이어지고, 때로는 급하게 이동해야 할 때도 많다. 그러다 보니 중요한 물건을 깜빡하고 두고 오는 일이 종종 생긴다. 한 번은 컨설팅을 마치고 카페에서 급하게 나오다가 아이패드를 두고 온 적이 있다. 다행히 나중에 다시 찾을 수 있었지만, 그 순간의 당혹스러움은 이루 말할 수 없었다. 또 한 번은 강의장에 노트북을 두고 와서 다음 날 다시 찾으러 가기도 했다.

이런 단점을 보완하기 위해 나는 몇 가지 노력을 하고 있다. 첫째, 중요한 물건을 항상 같은 자리에 두는 습관을 들였다. 이를 위해 가방 안에 필요한 물건을 일정한 순서대로 정리하고, 외출할 때 반드시 체크리스트를 작성하여 빠뜨리는 일이 없도록 했다. 둘째, 이동할 때는 중요한 물건이 모두 있는지 한 번 더 확인하는 습관을 가지려 하고 있다. 셋째, 시간을 충분히 두고 여유 있게 행동하려고 한다. 이러한 작은 변화들이 쌓여 언젠가는 덜렁대는 습관을 완전히 고칠 수 있을 것이라고 믿는다.

또한, 메모하는 습관도 큰 도움이 되었다. 핸드폰 메모장과 노트 앱을 적극적으로 활용하고 있다. 외출 전에 메모한 내용을 다시 확인하며 점검하는 것도 효과가 있었다.

가끔은 시간을 내어 나를 알아보는 시간이 필요하다. 인생은 속도가 아니라 방향이라는 말이 있다. 무조건 빠르게 달리는 것만이 능사는 아니다. 내가 진짜로 원하는 삶이 무엇인지 알고 난 후, 속도를 내는 일이 중요하다. 나 역시 그렇게 하고 있다. 덕분에 내가 무엇을 잘하는지, 부족한 점은 무엇인지 알 수 있게 되었다. 이런 부분을 참고해서 자기 계발에 적용하고 있다. 강점을 극대화하고 약점을 개선하려는 끊임없는 노력이 지금보다 나은 사람으로 만들어 주리라고 믿는다.

페르소나

•

원미란

나는 평소 사람을 통해 배우는 편이다.

매일 사람을 만난다. 눈을 뜨는 순간부터 가족을 만나고 출근해서 동료를 만나고, 일하며 또 사람을 만난다. 사람으로 시작해 사람으로 하루를 마무리한다. 요즘은 참 신기하다. 매일 같은 패턴이지만 상대방 얼굴을 보며 이야기를 나누는 순간 내가 알지 못했던 새로움이 시작된다.

"사람이 온다는 건 실은 어마어마한 일이다. 한 사람의 일생이 오기 때문이다." - 〈방문객〉 中, 정현종

어느 순간 이 말이 가슴에 와닿았다. 어느 인연 하나 소중하지 않은 것이 없다고 느낀다. 나와 맺어진 인연이라면 다 이유가 있을 것으로 생각한다. 사람을 통해 인생을 배우고 나를 배운다.

얼마 전, 회사 동료와 이야기를 나누게 되었다. 옆자리에 앉은 사람 때문에 스트레스받고 있다고 했다. 매일 지각하고 업무도 대충 하는 모습이 이해되지 않는다고. 그러다 문득 자신의 모습이 떠올랐다고 한다. 자기도 늘 지각과 결석을 반복했었기 때문이다. 본인이 행동할 때는 잘못된 것을 느끼지 못했다. 제삼자의 관점에서 지켜봤더니 어떤 행동이 눈살을 찌푸리는 게 하는지 잘 보였다고 했다. 이것이 바로 거울 효과다.

심리학에 '거울 이미지 효과(mirror image effect)라는 용어가 있다. 아이들은 어른의 행동을 그대로 따라 하는 거울 학습을 통해 세상을 배운다. 어른은 상대방의 행동을 보며 자신을 돌아본다. 사람은 거울을 하나씩 등 뒤에 가지고 다니는 것이 아닐까? 가끔 뒤도 돌아보지만, 거울이 따라 돌기 때문에 당장은 내 모습을 볼 수가 없다. 그렇지만 시간이 지나면서 다른 사람을 통해 나를 발견하게 된다. 그러면서 내가 한 행동에 대해서 반성하고 같은 실수를 반복하지 않으리라 다짐한다.

또 하나의 거울 효과가 있다. 감정은 서로 전달된다는 사실이다. 내가 누군가를 미워하면 상대방도 그대로 느낀다. 자연스럽게 그도 나를 불편하게 느낀다. 내가 호의를 가지고 상대를 대하면 그도 좋은 감정을 가질 수 있다.

얼마 전 있었던 일이다. 평소 잘 지내던 친구가 내 말에 자주 꼬투리를 잡는 게 아닌가. 예전 같았으면 불평하고 말았을 거다. 지금은 조금 다르게 생각해 본다. 그래서 이야기를 나눠 봤더니 중간에 작은 오해가 있었다. 서로 오해하고 있던 부분을 잘 풀었다. 누군가가 내 마음에 들지 않게 행동한다면, 혹시라도 나에게서 비롯된 것은 아닌지 생각해봐야겠다.

삶은 내 마음가짐에 달려있다. 어떤 말이라도 감사히 받아들인다면 충분하다. 나의 원동력은 사람을 통해 나를 돌아보며 성장하는 것이다.

타인을 통해서 나를 성장시킬 준비가 되었으니, 이제는 나를 들여다보는 일이 필요하다. 사람을 만나다 보면 마음 같지 않게 말하고 행동할 때가 있다. K 장녀 증후군이라는 말이 있다. 나는 삼 남매 중 장녀이다. 마음을 솔직하게 표현하지 못하는 나를 발견하면서 깊은 고민에 빠진다. 상처받았지만 괜찮은 척, 자신이 없지만, 프로인 척해야 할 때가 종종 있다. 남을 의식한 내 모습이다. 시간이 지나면 서로 지친다. 그래서 자존감을 키우려 노력 중이다. 거울을 보며 내가 나를 얼마나 사랑하는지 물어본다. 어색하긴 하다.

이럴 때 나는 세 가지 패턴의 행동을 한다. 첫 번째는 사랑하는 가족들과 이야기를 나누며 나를 제대로 느껴본다. 대화를 통해서 남편과 자녀들의 생각을 들어본다. 가족이라도 이렇게 다를 수 있다는 사실을 알게 된다. 의견을 존중해주는 가족들 덕분에 자존감이 올라간다.

두 번째는 카페에서 빵과 커피를 마시며 책을 읽는다. 카페가 사치라고 생각하는 이들도 있겠지만 나에게 카페는 생각을 정리하고 머리를 쉬게 하는 공간이다. 좋아하는 빵과 커피로 기분을 좋게 하고 책으로 나를 한 단계 업그레이드시키는 것이다. 온전히 나만의 시간을 가지면 편안함이 느껴진다.

　마지막으로 꾸준하게 운동한다. 혼자 하는 운동에 흥미를 느낀다. 스피닝, 수영, 골프 같은 운동을 주로 한다. 혼자만의 시간을 가지며 사색하고 재충전하며 활력소를 찾아 나간다.

　얼마 전 MBTI 검사를 한 적이 있다. 회사 연수원에 갔을 때 진행했었던 프로그램의 일종이었다. 40대 초반쯤으로 보이는 강사님이 검사지를 나누어주었다. 스무 명 정도 되는 동료들과 함께 검사를 시작했다. MBTI는 16가지의 유형별 특징으로 구분되는데 내 답변에 따라 유형이 정해진다. 각자 성향이 모두 다르다. 모바일로 대충 검사할 때와 달리, 전문적이고 세세한 질문이 많았다. 최대한 솔직하게 질문에 응했다. 설레는 마음으로 받아본 결과지의 성격유형은 ESFP.

　ESFP는 사교적인 유형으로 자유로운 영혼의 연예인이라고 한다. 연예인이라는 단어를 보는 순간 나도 모르게 종이를 슬며시 가리며 하나씩 읽어 내려갔다. 집에 있는 것보다 나가서 활동하는 것이 더 좋은 나에게 E(외향형)는 예상했던 결과이다. 다음은 경험과 현재를 중요하게 생각하는 S(감각형). 이성적이고 미래지향적인 N(직관형)이 나오길 바랐는데 아쉬웠다. T(사고형)가 아닌 F(감정형)는 매우 인정하는 부분이다. 평소 감정 이입을 많이 하는 편이기 때문이다. 마지막으로 P(인식형)는 상황에 따라 유동적이며 자유롭고 즉흥적인 사람의 유형을 말한다. 사실 나는 P(인식형)와 J(판단형)의 경계가 가장 모호하다. 예를 들면 자유롭고 즉흥적인 사람들과 여행을 가면 내가 계획성 있게 행동하게 된다. 일할 때도 정확한 판단과 계획에 맞게 스케줄 관리를 한다. 그런데 어떻게 P가 나오게 되었을까. 내면은 자유롭고 즉흥적이길 원하지만, 환경에 따라 자신을 부여잡고 노력하고 있는 것 같은 느낌이 들었다. 이것 또한 나의 장점이지 않을까. 평소 차분하다는 말을 자주 듣는 나로서는 EPSP라는 검사 결과가 썩 만족스럽지는 않다. 즉흥적인 느낌의 유형이지만 이 또한 나라는 것을 받아들이기로 했다. 내가 나를 가장 잘 알아야 나에게 맞는 환경을 만들 수 있다.

가끔은 자신을 들여다볼 수 있는 시간이 필요하다. 나 역시 내가 어떤 사람인지 고민해 봤다. 나는 평소 사람을 통해 나를 보는 성향이 있다. 장녀라서 늘 제대로 표현하지 못했다. MBTI 검사를 통해 나도 몰랐던 성격을 알게 되었다. 사람은 한가지의 모습으로 단정 지을 수 없다. 멀티 페르소나. 상황에 맞게 여러 가지 가면을 쓴다는 의미다. 이것은 삶을 살아가는 유연함이다. 다양한 내 모습을 자연스럽게 받아들이는 자세가 필요하다.

완벽하지 않아도 괜찮아,
나답게 하는 것이 더 멋지다

·

유연옥

덜렁거리고 급한 성격 탓에 크고 작은 사고가 끊이지 않았다.

우선, 어릴 적 자주 넘어져 무릎에 상처가 많다. 초등학교 가는 길에 논두렁이랑 돌다리가 있었다. 학교로 가려면 그곳을 지나가야 했다. 논두렁에서 자주 미끄러졌다. 논에 빠지면서 늘 무릎을 다치곤 했다. 물기에 젖은 돌다리를 딛다가 넘어지는 경우도 많았다. 무릎에 피가 난 적도 있었다. 친구들이 풀을 찧어서 상처에 발라주기도 했다. 달리기가 느린 편이라, 술래잡기할 때면 매번 넘어지기도 했다. 내 무릎은 성한 날이 별로 없었다. 아직도 흉터 자국이 많이 남아 있다.

동백나무 가지치기를 하다 새끼손가락을 다친 일도 있었다. 매년 베란다에 동백나무가 꽃을 피웠다. 예쁜 꽃잎 사이 마른 가지가 신경 쓰였다. 남편에게 몇 번 가지치기를 부탁했다. 내일 해주겠다고 대답하고 며칠이 지났다. 기다리다 못해 내가 직접 주방 가위로 가지를 잘랐다. 순간 손가락이 아려왔다. 새끼손가락 끝이 벌어졌다. 휴지로 감고 가까운 병원으로 뛰어갔다. 3바늘을 꿰매고 파상풍 주사를 맞았다. 트라우마로 아직도 가위를 잘 사용하지 않는다.

급한 성격으로 오해를 받은 적도 많다. 대안학교에서 근무한 적이 있다. 교무실이 지저분해 물걸레 청소를 했다. 동료 교사는 청소 아줌마가 할 일을 굳이 한다며 핀잔을 주었다. 듣고 보니 그럴 수도 있다고 생각되어 사과했다. 어느 날 대걸레로 바닥을 닦고 있었다. 주변에서 또 저런다며 수군거렸다. 부장님이 직원들에게 질문하면 끝나자마자 대답을 했다. 내 생각을 빨리 전달하고 싶었다. 다른 사람들이 생각할 틈도 주지 않는다고 지적을 받기도 했다. 급한 성격이 누군가에게 불편을 주는지 몰랐다.

이런 단점을 극복하기 위해 몇 가지 노력한 부분이 있다.

첫 번째 실천했던 것은 일에 우선순위 정하기였다. 할 일의 목록을 작성하고 중요한 것과 긴급한 것 기준으로 우선순위를 정했다. 중요한 일 중에서도 긴급한 일을 먼저 처리하는 습관을 길렀다. 순서를 정하고 일하니 업무 능률도 올랐다. 하루 중 꼭 해야 할 일을 2~3가지 정했다. 한 번에 처리하기보다 하나씩 해결했다. 업무를 빠르게 처리하니 여유도 생겼다. 작은 성취를 통해 자신감을 얻고 조급함을 줄일 수 있었다.

두 번째 "서두르지 않아도 괜찮아"라는 긍정적인 생각을 했다. 좋은 글귀를 꾸준히 쓰면서 마음가짐을 새롭게 했다. 원하는 것을 이룬 모습을 계속 상상했다. 생각하고 말하는 대로 이루어진다는 것을 믿었다. 마음이 급해지면 복식호흡을 했다. 천천히 코로 숨을 들이마시고 입으로 내쉬기를 5회씩 반복했다. 좋아하는 노래를 듣는 것도 도움이 되었다. 이러한 노력이 성급한 성격에 여유를 주었다. 스스로 격려하다 보니 불안감이 어느새 줄어들었다.

세 번째는 모든 일을 내가 해야 한다는 생각을 내려놓았다. 팀원의 장점을 파악하고 능력에 맞는 업무를 맡겼다. 외근을 선호하는 직원과 내근을 선호하는 직원을 구분했다. 주변 사람들이 불편해하지 않도록 천천히 하는 습관을 길렀다. 타인의 업무와 내 업무의 경계를 정했다. 일을 맡기면 최대한 믿고 기다려주기로 했다.

책임감이 강한 편이다.

공인중개사 시험을 준비했다. 공인중개사 시험 준비는 법률 용어 이해가 어려웠다. 도서관에서 하루 12시간 이상 2년 동안 집중했다. 총 6과목을 공부해야 했다. 민법도 있었고, 부동산학개론, 세법, 중개사법, 공법, 등기법이 있었다. 전부 법에 관한 내용이라 만만치 않았다. 벽돌 책처럼 외워야 할 공부도 많았다. 고시 공부하는 사람처럼 집중했다. 첫해에 1차 합격하고 다음 해에 2차 합격했다.

사회복지사 1급 시험은 원서를 쓰면서 시작해 100일 동안 준비했다. 이해가 되지 않는 문제들은 통째로 외우기도 했다. 포스트잇에 한 문제씩 적어 한쪽 벽면을 채웠다. 반복 학습으로 문제를 이해했다. 이때쯤 시력이 많이 나빠졌다. 안경을 세 개나 가지고 다녔다. 평소에 쓰는 다초점 안경, 독서 전용 돋보기, 그래도 안보일 경우를 대비한 돋보기였다. 안과 선생님도 공부를 잠시 중단하라고 조언할 정도였다. 그래도 포기하지 않았다. 끈기와 책임감으로 또 하나의 목표를 이루었다.

가족에 대한 책임감도 있었다. 결혼해서 시댁에서 같이 살았다. 3남 2녀였다. 셋째였지만, 집안에 대소사가 있으면 직접 챙겨야 했다. 첫째 시누이 결혼할 때, 아주버님 이사할 때, 막내 시누이가 심장 수술할 때 등 집안에 일이 있을 때마다 나서서 지원했다. 시어머니가 '렙토스피라'라는 질병에 걸리는 일이 있었다. 렙토스피라는 쥐로 인해 전염되는 급성 열성 질환이다. 우리나라 법정감염병 제3급으로 분류되어 있다. 큰아이가 백일쯤 되었을 때 일이다. 갓난아이를 안고 버스로 1시간 거리에 있는 병원에 매일 찾아갔다. 흔한 질병이 아니어서 의사들도 모두 치료에 집중했던 기억이 난다. 다행히 회복을 잘해서 퇴원했다. 집에 와서도 영양에 신경을 써야 하는 상황이었다. 어머니가 밥을 먹을 수 있도록 메뉴를 다양하게 준비했다. 호박죽이나, 콩나물죽 같은 먹기 좋은 메뉴를 만들었다. 덕분에 점차 기력을 찾아갔다.

시어머니에 대해 기억이 하나 더 있다. 2006년 6월쯤이었다. 콩밭을 매다가 일사병으로 쓰러지는 일이 발생했다. 저녁까지 돌아오지 않는 시어머니를 기다리다가, 밭에 찾으러 갔다. 발견했을 때는 이미 시간이 많이 지체된 상황이었다. 동네 사람 화물차를 빌려 응급실로 이송했다. 그날 밤에 뇌사 판정을 받았다. 2달 동안 중환자실에 있었다. 그동안 병원비가 수천만 원이 나왔다. 다른 가족들은 모두 사정이 있어서 부담할 수 없었다. 모든 비용을 우리가 부담했다. 금액이 적지 않았지만, 그것도 책임감이라 생각했다. 하지만 어머니는 다시 회복하지 못하고 우리 곁을 떠났다. 그래도 끝까지 자식 된 도리를 할 수 있어서 다행이었다.

중개사를 하면서 돈을 꽤 벌었다. 그 자금으로 흩어져있던 조상 묘를 한 곳으로 옮기기 위해 선산을 매입했다. 터를 만들어서 3대 조상들을 그곳에 모셨다. 그렇게 한 지 얼마 지나지 않아 아버님이 세상을 떠났다. 조상 묘 바로 옆에 아버님도 모셨다. 성묘 갈 때마다 불편했었는데, 선산을 매입한 덕분에 제사 지내기가 수월해졌다. 사촌들하고의 관계도 좋아지는 게 느껴졌다. 사실 여유자금으로 다른 곳에 투자하고 싶었다. 하지만 가족이 우선이었다. 가족에 대한 책임감으로 선산부터 매입한 것이다. 누구보다 좋아했던 아버님이 떠오른다.

우리는 앞만 보고 달릴 때가 많다. 늘 바쁘다는 소리를 습관처럼 하기도 한다. 그럴수록 잠시 멈추는 시간이 필요하다. 일부러 브레이크를 거는 것이다. 내가 지금 제대로 가고 있는지, 내가 무엇을 좋아하는지, 나의 단점은 무엇인지 알아보는 노력이 있어야 한다. 그래야 진짜 원하는 인생을 살아갈 수 있다. 가끔 하늘을 올려 본다. 그러면서 삶의 여유를 찾아가고 있다. 그 시간이 나에게 참 소중하다. 바쁠수록 돌아가야 한다. 그 짧은 시간이 우리 인생을 더욱 값지게 만들 거라고 믿는다.

어제보다 나은 나를 위하여

한 우물을 파라

•

윤현호

'자기 계발'이라는 주제로 글을 쓰면서 이번 기회를 통해 나의 강점과 약점에 대해 깊이 생각해 보았다. 강점이라고 내세울 것이 있을까? 살아온 시간을 되돌아보니 성격적인 부분에서 실마리를 찾을 수 있었다. 하고 싶은 일이 있으면 주저하지 않고 찾아보고 도전한다. 어릴 적 부모님께 받은 영향이 크다. 무엇을 하든지 "하지 마라, 안 된다" 하신 적이 없고 무엇이든지 적극적으로 응원해 주셨다.

장녀여서일까, 남동생이 많아서일까. 어릴 적부터 독립심이 강하고 주도적이었다. 남동생 셋을 데리고 온 동네를 돌아다니며 남자아이들이 하는 놀이를 같이했다. 또 성격적으로 사람들과 어울리는 것을 좋아했고 어떤 모임이든지 각자의 역할을 정해주며 계획적으로 추진하는 일을 잘했다. 특히 사람들 앞에 나설 때 존재감을 느끼는 편이다.

학창 시절 부모님께 단 한 번도 공부하라는 소리를 들어본 적이 없다. 공부를 잘해서가 아니라 늘 책상에 앉아 있었기 때문이다. 탁

월하지는 않지만 성실하게 노력하는 스타일이다.

배우는 일에 관심이 많은 것이 강점이다. 초등학교 1학년부터 중학교 3학년까지는 무용도 하고, 고등학교 때는 걸스카우트도 하고, 자전거도 열심히 타고, 탁구도 치고 기타도 배웠다. 중학교 1학년 때 입학하니 담임선생님이 무용반을 맡고 있었다. 초등학교 때 무용을 했기 때문에 중학교에 가서도 자연스럽게 무용을 하게 되었다. 여름 방학이 되면 학교에 가서 뜀틀 위에서 걷기 연습도 하고 다리 찢기도 했다. 중학교 2학년 때 어버이날이 되면 부모님을 초청해서 여러 행사를 진행하였다. 그중의 하나로 2학년 여학생들이 운동장에서 단체로 발레를 했는데, 그때 전체를 대표해서 단상에 올라 시범을 보였다. 부끄러운 것이 아니라 오히려 기분이 좋았다.

성인이 되어서도 가야금도 배우고, 에어로빅도 해 보고, 10년 가까이 중국어도 배웠다. 사회복지사 자격증도 땄다. 늘 한 곳에 정체하지 않고 앞으로 무엇을 할지 고민하면서 준비하는 성향이었다. 아무것도 하지 않고 머물러 있는 것을 그다지 좋아하지 않는다. 집에서 쉴 때조차 부지런히 손과 몸을 움직인다. 아이들은 말한다. '쉴 때는 가만히 앉아서 쉬라고.' 그렇지만 흘러가는 시간이 아깝다. 그래서 할 수 있는 한 다양한 분야에 도전하고 있다.

육체적으로나 정신적으로 힘들어하는 사람들의 말에 경청을 잘한다. 그래서 찾은 곳이 병원이었다. 이력서를 내고 면접을 보고 강남세브란스병원에서 계약직으로 근무하게 되었다. 8년 가까이 환자와 보호자들과 교직원을 만나고 있다. 병원 곳곳을 돌아다니며 내가 필요한 사람들에게 찾아간다. 암이라는 병으로 고생하는 사람들에게 조금이라도 마음의 짐을 덜어주고 싶었다. 이야기를 들어주는 것만으로도, 그들의 눈물을 닦아주는 것으로도 큰 힘이 된다고 말한다. 손만 잡아 주어도 감사하다고 말하는 환자를 보면서 목사와 상담사를 잘했다고 생각한다.

그런 나에게도 고쳤으면 하는 약점들이 있다.

중학교 1학년 때 국어 선생님이 수업하러 들어올 때마다 칠판 좌측에 쓰는 글이 있었다. '한 우물을 파라' 성인이 되고 보니 그 의미가 무엇인지 확연하게 알게 되었다. 이것저것 하겠다고 기웃거리지 말고 무엇이든지 한 분야에 전문가가 되기를 바랐다.

가끔 한 가지 일에 집중했으면 지금 얼마나 잘했을까 생각한다. 피아노를 보면 늘 아쉬움이 남는다. 초등학교 때 시골 작은 동네에 있는 교회에 다녔다. 선배 언니들은 시간 날 때마다 교회에 가서 독학으로 연습했다. 나도 관심이 있어서 가끔 갔다. 그러나 악보 보는 법도 잘 모르겠고 어려운 부분이 나오면 포기했다. 끈기를 가지고 끝까지 하는 사람만이 살아남는다. 그 언니들은 실력이 쑥쑥 늘었고 나는 그다지 진전이 없었다. 그런 내가 싫어서 결혼 후 아이들에게 악기 한가지씩은 꼭 가르치고 싶었다. 딸이 피아노를 전공했다. 가끔은 나도 피아노를 잘할 수 있었는데 그 시간을 놓쳐버린 게 내내 후회가 된다. 무엇이든지 기회가 있는데도 그것을 내 것으로 붙잡지 못한 일들이 많았다.

집에 중국어 책만 열권이 넘는다. 학원도 다녀보았고 한족 교사
도 집으로 불러 공부했고, 직장 일로 시간을 맞추지 못해서 스스로
독학도 했다. 그런데 어느 궤도에 들어서니 발전이 없었다. 한 달 전
에 중국 여행을 다녀왔다. 알아듣거나 말하는 것이 어린아이 수준이
다. 도대체 왜 그 정도밖에 되지 못한지 답답했다. 시작은 잘하지만,
목표가 분명하지 않으면 끝맺음이 약한 성격 탓이었다.

내가 다닌 고등학교에는 대입을 준비하는 무용반이 있었다. 난
들어가지 못했다. 가정 형편을 생각해서 포기해야만 했다. 중학교 3
학년 때부터, 갑자기 가세가 기울었다. 2살 터울 남동생들이 있어서
경제적 지원을 해 줄 수 없었다. 무용을 포기했다. 한국무용이나 발
레하는 사람을 보면 부럽기도 하다. '나도 저 길을 갔으면 지금쯤 어
떻게 되었을까' 형편상 내려놓을 수밖에 없었던 지난 시절을 생각하
면 속상하다. 억지로라도 하겠다고 우겼어야 했을까. 그랬으면 부모
님 마음이 얼마나 아프셨을까. 가끔 어머니가 말했다. 뒷바라지 잘해
주었으면 더 성공했을 텐데 미안하다고. 부모님 문제만은 아니다. 환
경 탓하며 끝까지 노력해 보지 않은 내 문제이기도 하다.

얼마 전 성인 발레학원에 등록했다. 이번에는 포기하지 않고 끝
까지 해 보고 싶다.

나는 새로운 일을 할 때 에너지가 생성된다. 새로운 사람들을 만
날 때 활기를 찾는다. 더 나은 방법은 없을까, 어떻게 하면 사람들에

게 행복을 주며 살 수 있을까. 남편이 어느 날 나에게 물었다. "뭘 위해서 그렇게 열심히 하니?" "그냥 좋아서 하는 거야."

이 세상에서 같은 길을 걸어가는 사람은 없다. 누구에게든지 한 가지 이상은 자신만이 할 수 있는 능력이 있다. 그러나 약점만 보면서 일어나지 않는다면 싹을 맺을 수 없는 씨앗에 불과하다. 신은 모든 사람에게 강점을 부여해 주었다. 그것이 무엇인지 찾고 도전하면 자신에게도 타인에게도 영향력을 끼칠 수 있다. 힘든 상황이라도 누구를 위해서가 아니라 나를 위해 꿈을 꺼내 보자고 말하고 싶다. 능력은 최고가 아니라도 노력만큼은 최고로 하면 된다. 자기 계발을 위해서는 나를 아는 것이 가장 중요하다. 나를 제대로 알 때, 진짜 성장은 시작된다.

꿈을 찾는 중입니다

•

전수은

"꿈이 뭐예요?"라는 질문을 종종 듣는다. 그때마다 딱히 할 말이 없었다. 대충 둘러대었다. 한 문장으로 정리해서 말할 수 있는 꿈이 없었다. 내가 무엇을 좋아하고 싫어하는지, 어떤 것을 잘하고 부족한지 잘 몰랐다. 꿈이란 게 무엇인지 모르겠지만 내가 즐길 수 있는 일을 찾고 싶었다. 30대가 되어서 나라는 사람은 어떤 사람인지 생각해 보게 되었다.

첫 번째, 성격이 급하다. 그래서 말도 빠르고 걸음도 빠르다. 혼자 걸을 때는 빨리 걷는지 몰랐다. 다른 사람들과 걸을 때 항상 빠르다고 천천히 좀 걸으라고 한다. 행동이 느린 사람들을 보면 답답하다. 급한 성격 때문에 일 처리도 빠르다. 생각하다가 결정을 내리면 바로 행동으로 옮긴다. 앞만 보고 결승점까지 질주하는 경주마 같다. 목표가 생기면 빠르게 달려간다. 단기 목표를 단기간에 성취하고자 한다. 때로는 잘못된 길로 전력 질주할 때도 있다. 급한 성격이 약이 되기도 하고 독이 되기도 한다.

두 번째, 변화가 잘 없다. 미용실도 가는 곳만 12년째 가고 있다. 중간에 이사를 3번이나 갔는데 그때마다 다 따라다니고 있다. 화장품도 10년 가까이 같은 제품을 쓴다. 피부가 예민해 제품을 잘 바꾸지 않는다. 유일하게 할 수 있는 게임이 '프렌즈팝'이라는 휴대폰 게임이다. 프렌즈팝을 13년째 하고 있다. 머리 식힐 때나 생각 없이 하기 좋다. 같은 동물 블록을 맞추는 단순한 게임이다. 식당이나 술집도 가는 곳들이 정해져 있다. 물건들도 잘 안 버린다. 공부할 때 쓰는 스탠드는 고등학교 때부터 쓰던 것이다. 20년쯤 되었다. 책상도 10년 되었다. 접이식 밥상도 12년째 함께 하고 있다. 더 좋은 것들도 싹 바꿔 버리고 싶을 때도 있다. 고장이 안 나서 버릴 수가 없다. 변화가 잘 없으니 요즘 유행하고 있는 것들을 잘 모른다.

세 번째, 독립적이고 생활력이 강하다. 부모님은 맞벌이를 했다. 항상 바빴다. 초등학교에 다니는 내내 엄마는 한 번도 내 알림장을 보지 않았다. 가난한 4남매로 크다 보니 자기의 일은 스스로 해야 했다. 어리광 따위는 통하지 않았다. 8살 고사리 같은 손으로 가스레인지 불을 켜 밥을 해 먹었다. 설거지도 했다. 실내화, 교복 와이셔츠도 직접 빨았다. 챙겨 줄 사람이 없었기 때문에 모든 것을 혼자 해야 했다. 자연스럽게 독립적이고 생활력이 강하게 자랐다. 알아서 혼자 잘 하는 아이가 되었다. 그래서 간섭받는 것을 싫어한다. 권위에 대한 반감도 있다. 회사에서 권위나 나이로 부당하게 누르면 참기 힘들다.

　　나는 도전에 대해 망설이지 않는다.
　　대학 다닐 때 교환학생이나 어학연수를 가는 친구들이 부러웠다. 21살 때 아르바이트해서 모은 100만 원을 들고 호주로 워킹홀리데이를 떠났다. 당시 환율이 1,200원대였다. 호주 달러로 바꾸니 800불 정도 되었다. 아는 사람 한 명 없고 영어도 잘못했지만, 훌쩍 떠났다. 호주에 도착해 처음 3일 동안 백패커에서 머물렀다. 한국의 게스트하우스 같은 곳인데 숙박비가 가장 저렴했다. 방을 찾아 들어갔다가 깜짝 놀라 급하게 다시 나왔다. 어떤 남자가 2층 침대에서 잠을 자고 있었다. 카운터에 가서 상황을 설명했다. 직원은 웃으며 여긴 남자와 여자가 같은 방을 쓴다고 설명해 주었다. 문화 충격이었다. 이미 3일 치 숙박비를 내서 다른 곳으로 옮길 수도 없었다. 어쩔 수 없이 방에 다시 들어갔다. 비행기를 타고 도착한 상태라 피곤했지만, 편히 쉴 수가 없었다. 낯선 남자가 자고 있는데 불안하고 무서웠다. 갑자기 나를 공격하면 어떻게 대처할지 별별 생각을 했었다. 혹시나 누가 돈을 훔쳐 갈까 봐 몸에 꽁꽁 숨겼다. 빨리 안전한 방을 구하고, 일자리도 구해야 했다. 인터넷 사이트를 검색해 방을 알아봤다. 호주는 물가가 비싸다. 방값을 아끼기 위해 보통 한 아파트에서 6~10명이 산다. 한방에 3~4명이 지내기도 한다. 사람 수가 많을수록 비용을 아낄 수 있기 때문이다. 화장실이 있는 방을 4명이 함께 쓰는 곳으로 정했다. 일주일 방값이 150불이었다. 한 달이면 한국 돈으로 60만 원이 넘는 돈이다. 300불은 보증금으로 내고, 2주 방값은 선불로 내야 했다. 가지고 온 800불에서 600불을 한 번에 냈다. 고작 200불밖에 남지 않았다. 당장 일을 해야 했다. 호주에 도착해 3일째 되던 날부터 일을 시작했다. 처음 한 일은 샌드위치 가게였다. 말도 잘 안 통하는 외국에서 일하는 것은 생각보다 힘든 일이었다. 주문을 잘못 받아서 혼났다. 말귀를 못 알아들어 실수도 잦았다. 사람들이 영어가 아니라 외계어를 하는 것 같았다. 밤바다 눈물로 베개를 적시었다. 외국인 노동자의 삶이란 이런 것이구나 하고 느꼈다. 한국에 돌아가서 외국인 노동자들을 보면 잘 해줘야겠다고 생각했다. 밥값을 아끼기 위해 마트에서 1달러짜리 식빵을 사 먹었다. 맛은 없다. 뻑뻑해 목구멍에서 잘 내려가지 않는 식빵이다. 시리얼을 우유에 말아 먹거나, 싸구려 햄버거를 먹으면서 밥값을 아꼈다. 호주는 월급이 아니라 주급으로 돈을 준다. 일주일이나 이 주일마다 돈을 받는다. 주급을 받아 다음 방값을 낼 수 있었다. 시간이 지나면서 호주 생활에 빠르게 적응했다. 영어도 많이 늘었다. 생존을 위한 서바이벌 영어였다. 스시집, 카페, 청소회사, 분식집 등 여러 가지 일을 하면서 돈도 모았다. 모은 돈으로 어학원에 등록했다. 브라질, 콜롬비아, 태국, 일본, 인도네시아 등 다양한 국적의 친구들도 사귀었다. 여행도 많이 다녔다. 같이 살았던 룸메이트가 나보고 지옥에서도 살아남을 거 같다고 했다. 그렇다. 잡초 같은 전수은이다. 그땐 잃을 게 없어서 용감했던 거 같다. 어려서 세상 무서운지도 몰랐다. 21살에 100만 원 들고 겁 없이 떠난 호주 워킹홀리데이는 나를 더 단단하게 만들어 주었다.

나에 대해 생각해 볼 시간이 많이 없었다. 항상 다른 사람들의 눈치를 보고 마음을 살핀다. 정작 내 마음은 생각하지 않는다. 나에 대해 돌아보는 시간을 통해 잊고 지내던 것을 알게 되었다. 나는 도전하기를 좋아하는 사람이었다. 성공과 실패는 중요하지 않다. 결정한 것을 바로 실행하는 사람이었다. 꿈을 찾기 위해서 많이 해보기로 했다. 새로운 일들을 해봐야 나한테 맞는 일들을 찾을 수 있을 거 같았다.

성장할 수 있는 가능성을 과소평가하고 한계를 정하면 딱 정해진 대로만 이룰 수 있지 않을까? 노력으로 바꿀 수 없는 환경들도 분명히 있다. 내 의지로 바꿀 수 있는 것들을 바꾸면 된다. 오늘도 꿈을 찾기 위해 나아가는 중이다.

어제보다 나은 나를 위하여

3부

나만의
노하우

또 다른 방법을 찾아라!
실패해야만 성공한다

•

김경우

마음공부를 시작했다.

남편하고 부딪히는 일이 많았다. 소통이 되지 않아 마음이 힘들었다. 연애 기간이 길어서 상대의 생각을 잘 이해할 수 있으리라 믿었다. 내가 말을 하면 남편은 "그게 아니라" 하며 토부터 달았다. 내가 모르면서 아는 체를 한다고 자주 이야기했다. 결국, 말하다가 속이 상해 도중에 그만두는 때가 많았다. 말을 해봤자 되로 주고 말로 받기 일쑤였다. 그러면서 자연스럽게 남편과의 대화는 줄어들었다.

남편을 이해하기 위해 심리를 공부했다. 그중 하나가 MBTI였다. 역할을 바꿔 생각해 보는 시간이 있다. 상대방과 나의 성향을 알아보는 역할극은 내게 큰 도움이 되었다. 남편이 살아오면서 그럴 수밖에 없었다고 생각하니 조금씩 이해가 되었다. 체념이 아니라 상대방을 측은지심으로 바라보았다. 지금까지 힘들게 남편을 바꾸려 했고 안 바뀌니 나만 속상했다. 심리 공부는 나에게도 많은 도움이 되었다.

상대를 바꾸려 하지 말고 그대로의 상대를 이해하면 된다. 내 마음을 바꾸니 편해졌다.

MBTI에 이어 에니어그램도 함께 공부했다. 일반 강사 과정까지 수료했다. 덕분에 봉사도 하게 되었다. 어떤 방법으로 공부하면 좋을지 걱정하는 학생들이 많다. 공부 방법을 알려주는 진로 봉사도 하게 되었다.

결혼 전 남편이 도움을 많이 받았던 형님 내외분이 있다. 첫아이를 낳고 7년 만에 다시 보게 되었다. 환하게 변한 내 얼굴을 보며 그때 그 사람이 맞냐고 재차 물었다. 180도 달라 보인다는 것이다. 상대방을 이해하기 위한 나름의 노력 덕분이었다.

항상 진지하기만 한 남편. 농담 한마디를 못 했다. 그러다 보니 재미는 고사하고 아이들과의 대화도 긴장의 연속이었다. 도저히 안 되겠다는 생각에 아이들과 계획을 세웠다. 좋게 말해 계획이지 막말로 작당 모의였다. 아버지를 재미있는 사람으로 바꾸자! 첫째, 칭찬을 먼저 해서 마음을 편안하게 만든다. 둘째, 아버지의 의견을 묻고 들어주면서 은근슬쩍 내 생각을 말한다. 셋째, 아버지가 취한 행동에 느낌을 말한다. 처음에는 쉽지 않았다. 어느새 농담은 다시 진지해졌다. 변하지 않는 아버지를 보면서 속상해하는 아이들을 토닥여 주었다. '계란으로 바위 치기'라는 말이 있다. 절대 안 변한다는 이야기다. 하지만 포기하지 않았다. 남편이 조금씩 변해갔다. 어느새 농담으로 잘 받아치는 사람이 되었다. 긍정적인 대화로 서로를 응원해 주고 있다.

좋아하는 음식 공부를 했다.

드라마 허준을 즐겨 보았다. 음식은 사람의 질병도 고칠 수 있다는 말이 머릿속을 떠나지 않았다. 일단 서점에 가서 책부터 찾아보기로 했다. 책 몇 권이 눈에 들어왔다. 하나는 약초에 관한 책이었다. 다른 하나는 나물에 관한 것이었다. 야생화에 관한 책도 골랐다. 조금 두꺼운 책 세 권을 바로 샀다. 집으로 가지고 오자마자 약초에 관한 책부터 펼쳤다. 아는 것도 있었고 처음 보는 약초도 많았다. 모르는 식물이 나오면 사진을 우선 찍었다. 등산할 때나 바닷가 갈 일이 생기면, 주변에 있는 식물과 사진을 비교해 보기도 했다. 사진과 똑같은 약초가 보이면 뜯어와서 밥상에 올리고는 했다. 명아주, 쇠무릎, 달맞이, 방가지똥, 엉겅퀴 등 여러 가지가 있었다. 다듬고 삶아 각종 양념에 무쳐 나물을 만들었다.

막내아들은 야구선수다. 격한 운동으로 무릎에 손상이 와서 치료한 적이 있다. 무릎에 효능이 있는 쇠무릎 나물을 만들어 밥상에 놓았다. 가족들이 밥상에 앉자마자 쇠무릎의 효능을 이야기했다. 막내아들이 쇠무릎 나물에 젓가락을 가져갔다. 나물을 한 젓가락 집어 먹기 시작했다. 입에 맞았는지 어느새 한 접시가 다 없어졌다. 막내아들이 먹는 모습을 보면서 그렇게 맛있냐면서 남편도 슬그머니 젓가락을 가져갔다. 그날 이후로 쇠무릎 나물은 막내아들이 좋아하는 또 다른 반찬이 되었다. 이후로도 각종 나물을 잘게 다져 비빔밥을 만들어 먹었다. 된장찌개에도 넣어 먹었다. 지금은 나물이 가족들의 건강에 도움이 되고 있다. 책을 통해 지금도 꾸준히 나물이나 약초를 공부하는 중이다.

동영상도 음식 공부하는 데 많은 도움이 되었다. 주로 들나물에 관한 것이 많았다. 예를 들어, 똑같은 냉이도 모양이 천차만별이다. 엉겅퀴는 술로만 먹는 줄 알았는데, 어린 엉겅퀴는 삶아서 먹을 수 있다는 사실도 알게 되었다. 방풍나물도 중풍이나 기침에 좋다는 것도 배웠다. 산에 가서 방풍나물을 뜯어와서 삶았다. 바로 초무침 해서 먹었던 기억이 난다. 달맞이라는 식물도 있다. 달맞이는 염증 치료에 효과가 있다. 항산화 기능도 있어서 유용하게 쓰인다. 바닷가나 밭둑에서 주로 자란다. 주로 산밑에 있는 논 주변에서 많이 뜯어오는 편이다. 생으로 먹으면 독성이 있을 수 있어서 나물은 대부분 데쳐서 먹는다. 주로 무침으로 만들거나 초고추장에 찍어 먹기도 한다.

경제지도사 교육을 신청하고 자격증까지 취득했다.

'기회는 항상 오고 준비하면 기회를 잡을 수 있다'. 자격증 취득 후 경제 전문 강사 일을 시작했다. 교육하면서 모르는 것이 많음을 느꼈다. 더 공부해야겠다 생각이 들었다. 아이를 키우며 일반 대학에 다니는 건 무리였다. 여기저기 알아보고 남편에게 야간대학에 가겠다고 했다. "지금 그 나이에 배워서 뭐 해"라며 핀잔했다. 다니려면 아이들 다 데리고 다니라고 했다. 이 말은 다니지 말라는 말이다. 하고 싶은 것이 있으면 돌아 돌아서라도 꼭 해야만 직성이 풀렸다. 결국, 마지막 선택은 한국방송통신대학교였다. 학습관 관장님이 교육학과를 추천해주었다. 경제 전문 강사로 일하고 있었기에 교육학과가 아닌 경제학과를 선택했다. 도움받을만한 선배가 없어서 힘들었으나 꼭 졸업해야겠다는 생각이 절실했다. 시험이 가까워지면서 마음이 급해졌다. 이해가 안 될 때는 5년 치 기출문제를 통째로 외웠다. 포기하지 않은 덕분에 경제학과를 졸업할 수 있었다. 경제학은 강의에 많은 도움이 되었다. 이 기세를 이어서 대학원 석사 과정에 도전했고, 지금은 박사 과정 중에 있다.

부족함을 느껴서 한 도전은 나를 강사라는 자리에 오게 해주었다. 부족함이 결국 나를 더 발전시키는 계기가 되었다. 우선 자신감이 생겼다. 대학원 석사학위도 취득할 수 있었다. 무엇보다 가족이 나를 지지해주고 있다. 열심히 노력하는 모습이 멋있다고 아이들이 자랑스러워한다. 공부하겠다는 내게 핀잔만 하던 남편은 옆에서 조력자가 돼주었다. 하고 싶은 일이 있으면 주저하지 말고 도전하라. 생각은 행동을 부르고 행동은 습관을 만들며 습관은 나를 변화시킨다. 지금의 나처럼.

배움과 실천이 쌓여
삶에 변화가 생기다

·

김선영

생활 속 작은 실천들이 모여 내 삶에 변화가 생겼다. 매일의 작은 행동이 모여 내 인생의 방향을 바꾸었다. 이 과정에서 경험은 내가 현재의 나를 만들어가는 중요한 밑거름이 되었다. 내가 배우고 실천한 자기 계발 방법들을 아래에 정리해 본다.

서울에서 직장생활을 했었기에 결혼 후 다니던 직장에 사표를 냈다. 후임이 구해질 때까지 주말부부로 지냈다. 3개월 정도 더 직장을 다니고 퇴사했다.

남편만 믿고 청양에서의 시골 생활이 시작됐다. 아는 사람이 없다 보니 고립된 생활이었다. 시간이 지나면서 마음이 답답하고 힘들었다. 고민하다 깨달은 것은, 내 삶에 계획이 없다는 점이다. 감정에 휘둘린 채 보내던 나는 내일에 대한 희망도 기대도 없었다. 시간이 흘러가는 대로 무의미하게 하루를 보냈다. 시부모의 감시하에 살다 보니 내가 할 수 있는 일은 없다고 생각했다.

남편의 격려로 선거 사무실에서 일을 시작한 후, 처음으로 계획을 세워야 할 필요성을 느꼈다. 선거 일정, 사무실 업무, 그리고 집안일과 개인 생활을 조화롭게 이어가기 위해 하루 일정을 세우기 시작했다.

처음에는 단순히 아침 6시 기상, 아침밥 해서 먹기, 오전 9시 선거 사무실 출근, 저녁 운동, 남편과 일과 나누기처럼 기본적인 할 일들을 적었다. 크게 적어놓은 일정표를 달력에 붙이고 성공하면 동그라미, 실패하면 세모로 표시했다. 눈에 보이게 적어놔서일까? 일정표대로 움직이려고 노력했다. 그러나 아침 6시 기상은 힘들었다. 새벽까지 남편과 TV를 보다 보니 눈이 떠지지 않았다. 한번은 알람 소리에도 반응이 없던 나를 한심하게 바라보던 남편이 알람을 꺼버렸다. 그날은 아침밥도 못 먹고 출근해야 했다. 그 일 후 난 알람 시계 여러 개를 샀다. 이젠 알람 없이도 원하는 시간에 일어난다. 작은 계획들이 쌓이면서 나의 하루가 점점 체계적으로 변했다. 자연스럽게 목표를 달성하는 기쁨도 맛봤다.

처음 영어 교육을 시작할 당시 나는 영어에 자신이 없었다. 난 영어를 전공하지 않았다. 그 흔한 어학연수도 다녀온 적이 없다. 유치원 아이들에게 영어를 가르치려면 내가 먼저 공부해야 했다. 유아 영어를 재미있게 하시는 선생님들의 수업을 참관하러 다니기 시작했다. 서울에서 유아 영어 강의가 열리면 무조건 참석했다. 아이들도 데리고 갔다. 가끔은 서울에 사는 동생에게 아이들을 맡기고 난 강의를 들었다. 아이들이 흥미 가질 만한 노래, 게임, 스토리텔링 기법을 배우면서 점점 자신감이 생겼다. 인터넷을 검색하고, 관련 책을 사서 읽으며 기초를 다졌다. 중요한 것은 배운 내용을 기록하며 나만의 학습자료를 만드는 것이었다. 강의를 듣고 공부한 내용을 직접 적용해보기 위해 동네 아이들을 대상으로 영어 놀이 수업을 시작했다. 아이들의 반응은 뜨거웠다. 아이들이 웃으며 따라 하는 모습을 보며, '아, 이렇게 하면 되는구나!'라는 깨달음이 왔다.

어느 날, 수업이 끝난 후 한 아이가 내게 다가와 "선생님, 내일도 영어 놀이 수업해요! 난, 영어 놀이 수업이 제일 좋아요"라고 말하는 것이 아닌가. 나의 노력이 헛되지 않았음을 알았다. 아이의 말은 내가 유아 영어 강사로 일할 수 있다는 자신감을 갖게 했다.

대전에서의 11년 생활을 끝으로 우리 가족은 다시 시골인 충남 내포로 이사를 왔다. 새로운 환경에서 난 무엇을 해야 할지 몰랐다. 대전에 살면서 내가 해보고 싶었던 일들을 떠올려봤다. 초등학교의 아침 독서 시간에 아이들에게 책 읽어주기를 하고 싶었던 일이 떠올랐다. 아이들이 다니는 학교로 도서관 사서 봉사와 아침 책 읽어주기 봉사를 다녔다. 매주 수요일마다 책을 읽어주었다. 아이들은 내가 읽어주는 동안 책에 집중했고, 끝나면 아쉬워했다. 책 제목을 물어보고 도서관에 가서 빌리는 아이들이 늘어갔다. 이일을 계기로 '난 책 놀이 강사가 되어야겠다'라고 다짐했다. 책 놀이 강사가 되려면 무엇이 필요한지 찾아보다가 서산의 해미도서관에서 책 놀이 지도사 과정이 열리는 것을 알게 되었고 방과 후 영어 강사를 하면서 배우러 다녔다. 자격증이 3급부터 시작이었다. 1급은 서울 연구소에서만 할 수 있다고 하여 겨울방학을 이용하여 서울로 공부하러 다녔다. 그러나 남들보다 잘하려고 하다 보니 지치고 힘들 때가 많았다. 1급 자격증을 취득한 후 인근 지역 아이들을 모아 무료 수업을 시작했다. 경험을 쌓은 후 도서관 책 놀이 프로그램에 강사 지원을 했고 지금은 수업하고 있다. 영어 강사와는 다른 만족감이 나를 행복하게 했다.

이주여성들을 만날 기회가 생기면서 '한국어 강사 자격증'에 관심이 생겼다. 마침 충남도립대학교 평생교육원에 한국어 강사 자격증 반을 보게 되었다. 바로 수강 신청을 했다. 일주일에 두 번 평생교육원에 갔다. 오전 9시부터 오후 5시까지 이어지는 수업이었다. 수업은 생각보다 어려웠다. 문법이나 언어의 역사, 다른 나라와의 언어 비교 등 한국어에 대한 전반적인 내용을 배웠다. 같이 배우는 사람들과 스터디를 만들었다. 그중에는 국어국문학과를 졸업한 사람도 있었고, 논술 학원을 운영하는 사람도 있었다. 시험공부할 때는 아이들을 데리고 도서관을 갔다. 그때도 종일 도서관에서 공부했다. 도전한 지거의 1년 만에 자격증을 손에 넣을 수 있었다. 이 자격증 덕분에 다문화 수업을 하기가 수월해졌다.

방과 후 수업을 다니다 보니, 아이들의 심리가 궁금해졌다. 심리

상담사를 공부하고 싶었다. 그때 당시 우리 아이들이 사춘기를 보내고 있었다. 큰딸은 초등학교 6학년, 아들은 초등학교 5학년이었다. 특히 큰딸하고 마찰이 생길 때가 많았다. 딸은 평소 많이 느린 편이다. 화장실도 한 시간 정도 쓴다. 외출하는 것도 30분 이상을 기다려줘야 한다. 학교도 시간에 맞춰서 간 적이 없다. 반대로 나는 빠른 편이라 그런 아이를 이해하기 힘들었다. 준비가 늦어지면 놔두고 간다며 협박할 때도 있었고, 실행을 안 하면 벌금을 물린 적도 있었다.

심리상담사 공부를 하면서 딸의 마음도 조금씩 이해하게 되었다. 가족이 두루두루 잘 지내게 되었다. 무엇보다 시어머니의 마음도 알 수 있었다. 덕분에 시어머니와의 관계도 전보다 좋아졌다. 결국, 심리상담사 자격을 땄다. 지금 강의하는 모든 분야에서 많은 도움을 받고 있다.

자기 계발을 위해 노력하며 깨달은 가장 큰 교훈은 '작은 발걸음이 큰 변화를 만든다'라는 것이다.

James Clear의 말처럼 "Small habits build up and become the building blocks of a whole system" 작은 습관들이 쌓이면 전체 시스템을 이루는 기초 단위들이 된다. 내 삶에 계획을 세우고 작은 습관들을 만들어 가면서 지금의 나로 거듭날 수 있었다.

일상의 계획 세우기, 배우고 기록하기, 작은 도전 등은 내가 스스로를 변화시키기 위해 선택한 작은 노력이었다.

배움의 길, 멈추지 않는 도전이
성장의 발판이 되다

•

김용화

변하기 위해서 나름대로 노력을 해왔다. 그중에서 세 가지 정도 옮겨 볼까 한다.

첫 번째, 꾸준한 학교 공부였다.

아이 두 명을 키웠다. 2년 터울 형제였다. 키우는 동안에는 육아에만 전념했다. 아이는 엄마가 키워야 한다는 생각이 강했다. 작은 애가 6살이 될 때까지 아이들만 신경 썼다. 어느 순간부터 공부의 필요성을 느끼기 시작했다. 시간 때문에 한국방송통신대학교를 알아보게 되었다. 농학과에 지원했다. 국가에서 시행하는 농업직 공무원 시험을 칠 때 유리하다는 생각이 들어서였다. 원래 4년 과정이지만, 여러 개인 사정으로 6년 만에 졸업할 수 있었다.

이사나 육아 때문에 학업을 잠시 쉬었다. 배움에 대한 목마름이 있어서 2018년 대학원에 진학했다. 지원과는 청소년지도학과였다. 아는 교수님이 추천해 준 덕분이었다. 상담하는 방법에 대해 구체적으로 배울 수 있었다. 청소년들에게 실질적으로 도움이 되는 내용이 많았다.

2024년에는 학점은행제를 가게 되었다. 한국어 교원자격증이 필요했기 때문이다. 온라인으로 강의를 듣고 있다. 내가 되는 시간에 영상을 볼 수 있는 이점이 있다. 교육의 마지막에는 대면 시험이 있다. 이때 강의계획서도 제출해야 하고 시연도 통과해야 한다. 아직 과정이 남아 있다. 다문화 가정이 많아지면서 필요성을 느꼈기 때문이다. 한국어를 그들에게 알리고 싶은 마음이 컸다.

2025년에는 한국열린사이버대학에도 도전하게 되었다. 자연숲치유산업학과이다. 현대인들은 스트레스가 많다. 이런 사람이 많아질수록 자연에 관심이 높아지고 있다. 언젠가는 숲 해설가 같은 분야에도 도전하고 싶은 마음이 있다. 아는 강사님의 소개로 관심 가지게 되었다가 이번에 등록하게 되었다.

공부를 꾸준히 하고 있다. 학위가 필요한 때도 있었고, 공부에 더 많은 관심이 갈 때도 있었다. 지금도 배움을 이어가고 있다.

두 번째, 자격증 공부다. 지금까지 대략 90여 개의 자격증을 땄다. 그중에서 기억에 남는 자격증 몇 가지가 있다.

처음에 딴 자격증이 바로 학교폭력예방교육에 관한 자격증이었다. 큰애가 다니던 중학교에서 안전을 위해 학교 봉사를 하면서 이 자격증을 알게 되었다. 교육을 듣고 자격증을 취득했다. 인근에 있는 중학교에 가서 교육했다. 장난이 폭력이 될 수 있다는 사실을 전달하는 데 힘썼다.

다음은 사회복지사 자격증이었다. 이 자격증은 다양한 분야에서 쓰인다. 아동이나 노인 등 복지에 관한 교육에는 모두 필요한 자격증이다. 지역 아동 센터에 가서 아이들을 관리하는 일을 시작하게 되었다. 주로 초등학생 아이들의 공부를 봐주는 활동이었다. 사회복지사 자격증이 있으면 강의할 때도 여러 가지 이점이 많다.

성폭력 예방 전문 상담원도 취득했다. 이 자격증은 여성가족부에서 평생교육원에 일임한 자격 과정이었다. 처음에는 장애인에 대한 성폭력 피해 사례를 보면서 관련 자격증에 대한 필요성을 느끼게 되었다. 100시간 교육 과정을 이수해야 했다. 주말을 이용해서 주로 공부했다. 시간을 내는 일이 쉽지는 않았다. 그래도 끝까지 한 덕분에 3달 만에 자격을 취득할 수 있었다.

청소년지도사 공부도 했다. 청소년지도학과에 다니면서 관련 자격증이 있으면 도움이 되겠다 싶었다. 청소년지도학과를 다니면 필기는 면제가 되었다. 하지만 구술면접 과정이 수월치 않았다. 청소년보호법에 관한 것도 있었고, 청소년을 위해 지도사의 역할에 대한 것도 있었다. 또한, 청소년의 비전을 위한 전체적인 그림을 제시할 필요도 있었다. 합격하고 나면 4박 5일 연수도 완료해야 했다. 모든 과정을 해낸 덕분에 자격증을 손에 넣을 수 있었다.

마지막으로, 평생교육사 자격증을 딴 것도 기억에 남는다. 평생교육사는 교육에 관한 기획, 진행, 분석 등에 관한 업무를 하는 사람이다. 어르신들에게 한글을 알려주거나, 다문화 가정을 위한 언어교육, 취약계층이나 학습 기회에서 소외된 사람들과 소통하기 위해서 도전하게 되었다. 학점은행제를 통해 교육 과정을 이수하고 나서, 교육 실습을 나가야 했다. 갈 때마다 4시간 정도 할애해서 5개월 정도 한 덕분에 결국 취득했다.

세 번째, 책을 읽기 시작했다.

국민강사교육협회에 2022년에 들어오게 되었다. 이때부터 강사 일을 본격적으로 시작했다. 이 협회에는 새벽 기상을 강조했다. 새벽에 일어나 블로그를 쓰거나 책을 읽는 문화를 만들어가고 있었다. 화요일과 목요일은 주로 독서 모임을 진행했다. 보통 새벽 5시에 열린다. 한 권의 책을 정해서 참여한 사람끼리 낭독을 한다. 3페이지 정도를 정해서 그대로 소리 내어 읽는 방식이다. 다 읽고 나면 마음에 드는 글귀를 나누기도 한다. 지금은 이서윤 작가님의 〈더 해빙〉을 읽고 있다. 이 책에 대한 해석은 각자 다르겠지만, 내가 느낀 부의 방식은 편안함이었다. 내가 무언가를 살 수 있는 돈이 있음에 감사하는 것이 포인트였다. 돈에 관한 생각을 바꾸는 데 많은 도움이 되었다.

매주 토요일 새벽 5시에는 경제독서 모임에 참여하고 있다. 경제 공부하고 싶은 마음이 있었다. 마침 글쓰기 아카데미 코치가 경제독서 모임을 시작한다는 포스터를 보게 되었다. 고민을 조금 하다가 신청했다. 경제에 관해 아직 모르는 사람들을 위한 모임이라서 크게 부담은 없었다. 경제용어 공부도 하고, 경제 신문도 읽고, 최근에 이슈가 되는 경제 뉴스도 보고 있다. 책 읽은 부분을 서로 나누면서 다시 공부하는 효과도 보고 있다. 아직은 경제 관련 용어나 개념이 어렵기만 하다. 하지만 꾸준히 하다 보면 익숙해지지 않을까 한다.

독서 모임을 통해 책을 꾸준히 읽게 되었다. 좀 더 다양한 주제의 책을 읽어 보려고 한다. 책을 꾸준히 읽는 방법에는 여러 가지가 있겠지만, 독서 모임만 한 것도 없다는 생각이 든다.

한번 시작하면 꾸준히 하는 편이다. 학교 공부가 그랬고, 자격증 공부할 때도 그랬다. 최근 들어 시작한 독서도 그렇게 하고 있다. 영국의 시인이자, 평론가인 새뮤얼 존슨은 이런 말을 했다. "위대한 일은 힘이나 속도로 이루어지지 않는다. 끈기와 인내로 이루어진다" 멋진 인생은 한 번에 완성되지 않는다. 시간과 노력이라는 퍼즐이 모여 인생이 된다. 포기하지 않고 하나씩 만들어가다 보면 멋진 작품이 나오지 않을까 생각하고 있다. 오늘도 하나의 퍼즐을 만들어가는 중이다.

내가 세상을 깨닫는 방법

•

김진주

    자기 계발을 하기 위해서 노력했던 것들이 있다. 하고 싶은 게 있으면 일단 시작한다. 꾸준히 하지 못하면 생각날 때마다 해보는 거다. 아무것도 하지 않으면 아무 일도 일어나지 않는 것처럼 자기 계발을 하고 싶으면 무엇이 되었든 먼저 시작해야 한다. 자기 계발을 하기 위해 실천한 방법은 두 가지다.

    첫 번째는 대학 편입이다. 2년제를 다니면서 동기들이 취업하는 모습에 조바심이 났다. 아르바이트라도 해야겠다는 생각으로 일을 구했다. 가벼운 생각으로 입사한 회사 팀장님이 나에게 한 말이 있다. "대학교는 2년제보다는 4년제는 나와야 너에게 도움이 돼"라는 말이었다. 그 말을 듣고 대학교 편입을 해야겠다고 생각했다. 일하면서 나도 모르게 4년제의 필요성을 느끼고 있었던 거 같다. 이후로 일하면서 다닐 수 있는 대학교를 알아봤다. 편입은 할 수 있는지, 과는 어떤 과로 가야 할지 생각했다. 며칠을 알아보다가 서울 사이버 대학교를 알게 되었다. 컴퓨터 정보통신학과 3학년 편입을 하기로 결심했다. 처음에는 새로운 것도 알게 되고 새로운 사람들을 만나는 게 너무 좋았다. 시간이 지나면서 점점 과제가 버거워지고 강의 듣는 게 힘들어졌다. 흥미가 떨어졌다. 컴퓨터 언어가 너무 어려웠다. 무슨 말을 하는지 하나도 몰랐다. html이나 C++ 언어는 나에겐 외계어나 다름없었다. 힘들고 어렵다는 핑계로 일 년을 다니고 컴퓨터 정보통신과는 휴학했다. 4년제 대학교를 졸업하겠다는 생각은 변함이 없었다. 무슨 과를 가야 무사히 졸업할 수 있을까 고민했다. 사람 만나는 것도 좋아하고 대화하는 것도 좋아하니 심리상담 관련 과로 편입을 하면 졸업을 할 수 있을 거 같았다. 군인과 경찰의 심리를 상담해주는 군경상담학과 3학년으로 재편입을 했다. 다시 휴학하지 않으려고 강의도 열심히 들었다. 과제를 빠짐없이 하고 행사 참여도 적극적으로 했다. 과에 관련 있는 자격증 공부도 해서 미술심리상담사, 진로 상담사 자격증을 취득했다. 수강 신청한 수업 중에 프로파일러 강의가 제일 재미있었다. 많은 사건, 사고의 범인 입장을 고려해서 범인을 추리하는 부분이 좋았다.

유서를 쓰는 과제가 있었다. 쓸 말이 별로 없을 거로 생각했다. 책상에 앉아서 연습장을 펼쳤다. 볼펜을 들고 쓰려고 하니 갑자기 눈물이 왈칵 쏟아졌다. 당황스러웠다. 한참 울다가 겨우 진정했다. 천천히 유서를 쓰기 시작했다. 가족들에 대해 미안했던 점이나, 고마웠던 일들을 썼다. 지인들에게 하고 싶은 말도 적어 보았다. 8살 차이 나는 막냇동생에게는 따로 편지를 썼다. 부모님을 잘 부탁한다고 구구절절하게 썼다. 정신을 똑바로 차리고 살라는 잔소리도 있었다. 생각나는 대로 아무 말이나 썼던 것 같다. 노트북으로 옮겨 적으면서 정리했다. 그러면서 또 한없이 울었다. 유서를 쓴 종이가 눈물로 얼룩졌다. 나를 진심으로 생각해주는 사람들을 더 챙겨야겠다는 다짐도 했다. 군경상담학과를 오게 되면서 내가 얻은 소중한 경험이기도 했다. 2년이란 시간이 흘러서 군경상담학과를 졸업했다.

두 번째는 자격증 공부하기이다. 우리나라에는 국가자격증, 민간 자격증 등 종류가 다양하다. 자기 계발을 꾸준히 한다면 자격증 취득을 한 번쯤은 생각 해봤을 것이다. 내가 자격증 공부를 좋아하는 이유는 내 노력의 결과를 확인할 수 있어서이다. 유년 시절부터 지금까지 자격증 공부를 꾸준히 해왔다.

초등학교 때는 한자 급수 시험에 도전해서 최종적으로 한자 2급을 받았다. 엄마의 권유로 시작했다. 한자는 글을 읽을 때 도움이 된다는 이유에서였다. 초등학교 1학년쯤 도전했다. 처음 썼던 한자는 그림에 가까웠다. 매일 조금씩 한자를 썼다. 숙제하듯 공부했다. 한자 학습지도 받아보았다. 하다 보니, 한자가 익숙해지는 순간이 왔다. 한자 시험이 있을 때마다 도전했다. 급수가 올라가는 것이 좋았다. 한자 수업에 아는 단어들이 많이 나와서 수업에 집중할 수 있었다. 무엇보다 선생님이 하는 질문에 대답할 수 있어서 자신감이 많이 올라가기도 했다. 지금도 아이를 키울 때, 한자 이야기를 할 수 있어서 도움이 된다.

중학교 때는 정보기술자격(ITQ) 안에 있는 아래한글, 엑셀, 엑세스, 파워포인트를 취득했다. 중학교 당시 다니던 컴퓨터 학원이 있었다. 선생님이 관련 자격증을 여러 가지 추천해주었다. 처음으로 땄던 시험이 바로 아래한글이었다. 맨 처음 이 프로그램을 접했을 때는 생소하기만 했다. 선생님이 준 안내 책자에 따라 수작업으로 표나 도형을 만들었다. 다양한 기능 속에 자동으로 되는 부분이 많았다. 역시 알수록 편리하다는 생각을 했다. 그때 배운 덕분에 리포트나 서류 작성할 때 많은 도움이 되었다.

엑셀은 더 어렵게 느껴졌다. 처음에는 뭐가 뭔지 알 수 없었다. 갑자기 함수도 나오고 통계가 나오니 머리가 아팠다. 수식도 어렵게 느껴지는 건 마찬가지였다. 컴퓨터 학원에 매일 가서 1시간씩 연습했던 기억이 난다. 엑셀은 숫자가 나오는 서류를 만들 때 특히 유용하다. 합계나 평균을 한눈에 보기 편하다. 기업에서 가장 많이 쓰는 프로그램이기도 하다. 그때 배운 덕분에 회사 경리일을 할 때 유용하게 썼다. 문서를 정리하거나 급여 계산할 때, 연차 계산할 때도 도움이 되었다.

대학교 때는 민간자격증을 공부해서 인성 심리 자격증을 취득했다. 사이버 대학교에 다닐 때는 음악심리상담사 1급, 미술심리상담사 2급, 진로상담사 2급을 취득했다. 대학 졸업 후에는 자살방지교육사, 인지(치매)예방뇌활성지도사를 공부했다.

미술 심리상담사 공부를 할 때였다. 충북 영동까지 가서 오프라인으로 공부했다. 전주에 살 때였다. 버스를 2번은 갈아타는 상황이었다. 가는 데만 4시간이 걸렸다. 일주일에 한 번 수업이 있었다. 오전 10시부터 오후 5시까지 이어지는 교육이었다. 상담에 관심이 많다 보니. 관련 자격증을 알아보다가 선택한 자격증이었다. 미술 심리상담에서는 그림을 보고 대상자의 마음을 이해하는 과정이다. 잡지에 있는 사진 오려서, 내가 생각하는 나와 상대방이 생각하는 나를 표현하는 시간도 있었다. 그 수업이 특히 좋았다. 친구들에게 그림을 그려달라고 해서 심리를 파악하는 연습을 했다. 그림으로 인해 그 친구를 좀 더 이해하게 되었다. 약 두 달 정도 공부를 한 다음 자격을 취득할 수 있었다.

어릴 때부터 자격증 취득을 꾸준히 한 이유는 엄마의 영향도 있다. "학교 공부는 잘 못해도 자격증 공부는 꾸준히 해야 나중에 하고 싶은 일이 생겼을 때 유리할 수 있다"라는 말을 들으면서 자라왔다. 그 당시에는 몰랐지만, 어른이 되어가면서 그 말이 이해가 갔다. 그래서 여전히 자격증 공부를 놓지 못하는 거 같다. 현재는 자기 주도 학습지도사, 독서지도사라는 민간자격증을 공부하고 있다.

이 외에도 자기 계발을 위해서는 취미생활을 하는 것도 추천한다.

그중 하나가 글쓰기였다. 글 쓰다 보니 내 속마음을 적게 되었고 감정에 솔직해졌다. 감정에 솔직해지니 스트레스도 풀리는 느낌이었다. 무슨 말을 써야 할지 막막했지만 '한 문장이라도 내가 그날 겪은 일을 써보자'라고 생각하니 조금 수월해졌다. 최근에는 공저에도 참여했다. 열 명이 함께 작업하는 일이다. 2024년에 공저 책이 나왔다.

늘 생각만 했던 작가의 꿈을 이룰 수 있었다. 지금도 꾸준히 글을 쓰고 있다. 개인 저서도 도전하는 중이다. 전자책도 쓸 계획을 세우고 있다.

　'아무것도 하지 않으면 아무 일도 일어나지 않는다.'라는 말이 있다. 무슨 일이든 도전하는 걸 피하지 않았다. 학교도 나에게 맞는 곳을 선택해가며 끝까지 다녔다. 자격증에도 꾸준히 도전했다. 마음에 드는 취미생활도 늘 찾아보고는 했다. 무엇이라도 꾸준히 한다면 내가 살아가는 동안 도움이 될 것이다. 앞으로도 초심을 잃지 않고 느리지만 내 속도에 맞춰 자기 계발하면서 내 인생을 살아가려고 한다.

이제야 알게 된
나만의 방법

•

문숙정

인생은 때때로 우리가 예상치 못한 시련과 어려움을 던져준다. 나 역시 삶의 여러 시기마다 크고 작은 어려움을 겪었고, 그때마다 고민과 걱정 속에 빠져 있는 대신 스스로를 일으켜 세우기 위해 노력했다. 특히, 힘든 시간을 극복하기 위한 방법으로 선택한 것은 '공부'와 '몰입'이었다. 공부는 단순히 지식을 쌓는 것을 넘어 나에게 위안을 주고, 새로운 길을 열어주는 중요한 도구가 되었다.

30대: 그림을 배우며 삶의 위안을 찾다

나의 30대는 우울함과 힘든 일상이 반복되던 시기였다. 학원에서의 스트레스와 개인적인 어려움이 겹쳐 마음의 평화를 찾기가 쉽지 않았다. 그때 내가 선택한 돌파구는 '그림'이었다.

처음에는 단순히 취미 삼아 시작한 그림이었다. 점차 그림을 그리는 시간이 나에게 위로와 안정감을 주었다. 캔버스에 색을 입히고, 나의 마음을 표현하다 보면 하루하루 쌓였던 스트레스가 풀리고, 한결 가벼워진 마음으로 일상을 마주할 수 있었다.

"몸도 아프다면서? 힘들게 하지 말고 쉬어" 아버지는 그림을 그리는 내가 답답했는지 걱정이 많았다. 그때마다 "아빠 그림 안 배웠으면 정신분열증 왔을 거예요. 붓 들고 앉아 있는 시간은 일상에서 벗어나서 너무 좋으니까 걱정하지 마세요" 비슷한 대화를 자주 했던 기억이 있다. 사랑하는 아들들의 인물화를 그릴 때면 너무 황홀했다. 그때 그렸던 그림을 보고 있으면 그 기분이 살아나는 것 같다. 조카의 얼굴을 그릴 때는 화실에서 조카 사진이 인기였다. 그 그림은 조카 방에 걸려있는데 지금도 고맙다는 이야기를 듣는다. 그림의 좋은 점은 그 순간을 기억하게 해주는 힘인 거 같다. 차가운 사진이 주지 못하는 따스함을 가지고 있다. 사랑하는 마음을 담아 그렸고 선물 받은 사람들이 그 마음을 기억해 준다.

특히, 그림을 배우는 과정에서 느낀 몰입의 힘은 인생의 중요한 전환점이 되었다. 고민과 걱정에 빠져 있을 때는 시간이 정지된 것처럼 느껴지지만, 몰입할 때는 내면의 에너지가 채워지는 것을 경험했다. 이 경험은 이후의 삶에서도 힘든 시기를 극복하는 데 큰 밑거름이 되었다. 10번이 넘는 단체전 전시회를 통해서도 삶의 자신감이 생긴 것 같다.

어제보다 나은 나를 위하여

40대: 대학원에서 경영학을 배우다

40대에 접어들면서 나는 또 다른 도전의 시기를 맞이했다. 당시에는 나의 개인적인 경력과 삶의 방향에 대해 많은 고민을 하던 시기였다. 지인의 도움으로 다른 강의를 하게 되면서 새로운 분야에 도전하고 싶은 갈망도 커졌다. 하지만 나의 부족함을 더 알게 되는 계기도 되었다. 결국, 나는 대학원에 진학하기로 결심했다. 경영학을 전공하며 나의 삶의 새로운 장을 열었다. 주말 대학원을 알아보니 서울과 대전, 대구에 있었는데 대구는 심리학이었고 대전이 경영학이었다. 심리학도 배우고 싶었지만, 경영학이 나에게 더 도움이 될 거라는 생각으로 대전으로 결정했다. 매주 토요일 새벽에 KTX 타고 가서 9시부터 5시까지 수업을 들었다. 과제와 발표가 힘들었지만, 학교 다니는 행복함에 정말 열심히 공부한 것 같다. 그 결과 2등으로 졸업할 수 있었다. 교수님들께서 박사과정을 서울이든 어디서든 하기를 바라고 계속 권했다. 그때는 석사로 만족한다고 더 나아가지 않았던 것이 지금은 많이 아쉬움으로 남는다. 대학원에서의 배움은 단순히 지식을 습득하는 것을 넘어, 내가 직면한 문제들을 새로운 시각으로 바라볼 수 있는 힘을 주었다. 경영학을 공부하며 얻은 실질적인 지식은 이후 취업 역량 강화 강의를 하게 되는 데 있어 큰 도움이 되었다. 학생들과 구직자들에게 실질적인 조언과 노하우를 전할 수 있었던 것도 대학원에서 배운 경험 덕분이었다. 과정 중에 배운 코칭 기법도 강의와 수업에 많은 도움이 되었다. 코칭을 배우면서 질문하는 법과 문제를 해결할 때 자신에게 어떤 질문을 던져야 하는지도 알게 되었다. 대학원 시절을 통해 배움의 중요성을 다시 한번 깊이 깨달았다. 새로운 분야에 도전하며 얻은 자신감과 성취감은 내게 큰 원동력이 되었고, 그 이후에도 꾸준히 자기 계발에 힘쓸 수 있는 계기가 되었다.

힘든 시간을 극복하며 얻은 가장 큰 깨달음은 고민과 걱정 속에 머무르기보다, 그 시간을 무언가에 몰입하며 의미 있게 사용하는 것이 훨씬 중요하다는 점이다. 고민은 우리를 정체시키고, 걱정은 에너지를 소모시킬 뿐이다. 하지만, 몰입은 에너지를 채워주고 내 삶에 활력을 불어넣어 주었다. 몰입을 통해 얻는 즐거움과 성취감은 그 자체로도 충분히 가치 있지만, 이를 통해 얻은 배움은 삶의 다음 단계를 준비하는 데 있어 큰 밑거름이 되었다. 그림을 그리며 감정을 다스리는 법을 배웠고, 경영학을 공부하며 실질적인 전문성을 키웠다. 이러한 경험들은 나를 더 나은 방향으로 성장시켰다.

내가 자기 계발을 통해 얻은 노하우는 단순하다. 첫째, 힘든 시기가 왔을 때 고민에 머무르기보다 그 시간을 무언가에 몰입하는 데 사용하라는 것이다. 둘째, 몰입을 통해 얻은 배움과 성취를 바탕으로 삶의 새로운 방향을 찾아야 한다는 것이다.

이를 위해 나는 항상 다음과 같은 질문을 스스로에게 던진다.

1. 지금 내가 고민하고 있는 문제를 해결하는 데 어떤 배움이 필요할까?
2. 이 상황에서 내가 몰입할 수 있는 활동은 무엇일까?
3. 몰입을 통해 얻은 배움을 어떻게 활용할 수 있을까?

이 질문들은 내가 힘든 시기를 보다 적극적으로 대처하게 만들었고, 삶의 새로운 가능성을 열어가는 데 큰 도움을 주었다.

삶이 힘들 때마다 공부와 몰입을 통해 그 시간을 의미 있게 채워왔다. 30대에는 그림을 배우며 감정을 다스리는 법을 익혔고, 40대에는 경영학을 공부하며 전문성을 강화했다. 이러한 경험들은 단순히 어려움을 극복하는 것을 넘어, 삶을 한 단계 더 성장시키는 원동력이 되었다. 생활과 학습을 병행하는 것이 쉽지는 않았지만 20대의 나와 비교해보면 계속 변하고 있다. 100세 시대라는 말이 두려울 때가 많지만 한 걸음 한 걸음 시대와 발맞추며 앞으로 나아가고자 한다. 힘든 시기를 두려워하지 않고, 그 시간을 성장의 기회로 삼아야 한다. 몰입과 자기 계발의 사이클을 지속하는 것이 인공지능과 함께 살 미래에도 반드시 도움이 될 것이다.

작은 습관이 만드는
위대한 변화

•

손수연

소상공인시장진흥공단의 사업정리컨설팅 심리 분야에서 활발히 활동하고 있다. 이 과정에서 수많은 소상공인 대표님들을 만나 그들의 이야기를 경청하고, 재기의 희망을 심어주는 역할을 하고 있다. 심리 분야 컨설팅은 단순히 경청하는 것을 넘어 실제 심리상담 기법을 적용하여 소상공인들에게 실질적인 도움을 주는 것이다.

심리학을 전공하면서 쌓은 이론적 지식을 바탕으로 심리상담 진단 도구들을 적극적으로 활용했다. 대표님들의 상황에 따라 감정 카드 기법을 활용한 감정 표현 유도, DISC 유형별 소통법, 스트레스 진단 카드를 통한 스트레스 관리법이 있다. 또한, 우울감 진단 도구 활용, 자존감 진단 툴, 회복탄력성 진단 툴 등 다양한 기법을 적용했다. 이처럼 각각의 소상공인 대표님들에게 맞는 맞춤형 상담 기법을 연구하고 적용하며, 그들에게 실질적인 변화를 줄 수 있도록 노력해왔다.

이 과정에서 부족한 부분은 책을 통해 보완했다. 심리상담 관련 서적을 계속 읽으며 새로운 지식과 기술을 습득했고, 필요한 자료는 끊임없이 찾아보고 학습했다. 책에서 얻은 이론을 현장에 적용하면서 나만의 상담 스타일을 만들어갔다. 책을 읽는 데서 그치지 않고, 배운 내용을 실제 상담에서 적용하고 피드백을 받아 개선하는 과정을 반복했다.

사업정리컨설팅 외에도 소상공인역량강화컨설팅과 경영개선사업, 재창업 사업화 지원 분야로 활동 영역을 확장했다. 새로운 도전에 대한 두려움보다는 할 수 있다는 마음가짐이 나를 단단하게 만들었다. 이렇게 새로운 영역으로 도전하는 자세가 자기 계발을 끊임없이 이끌어주는 원동력이 되었다.

소상공인 역량 강화 컨설팅은 소상공인들이 가게를 운영하면서 가장 어려워하는 부분 중 하나가 온라인 마케팅이다. 단순히 좋은 제품을 만들고 좋은 서비스를 한다고 해서 고객이 찾아오는 것이 아니기 때문이다. 소상공인들에게 효과적인 SNS 마케팅, 네이버 스마트스토어 운영, 블로그 활용법, 유튜브 홍보 전략 등을 교육하며, 그들이 직접 온라인에서 브랜드를 구축하고 마케팅을 할 수 있도록 컨설팅하고 있다.

전주의 카페 대표님은 블로그 활용을 제대로 몰라 고객 유입에 어려움을 겪고 있었다. 그 대표님에게 블로그와 SNS를 활용한 홍보 전략을 알려주고, 직접 컨설팅을 진행했다. 3개월 뒤, 해당 카페의 방문 고객 수는 두 배 이상 증가했고, 블로그와 SNS를 통한 예약률이 50% 이상 상승했다. 이처럼 온라인 마케팅을 통한 역량 강화는 사업

성공에 큰 영향을 미친다.

경영개선사업지원컨설팅으로는 소상공인 중에는 사업장이 낡아서 매출 하락을 겪고 있는 경우가 많다. 이런 부분을 개선하기 위해 지원 프로그램을 안내하고, 사업장 리모델링, 인테리어 개선, 장비 업그레이드 등의 지원을 받을 수 있도록 컨설팅을 진행하고 있다.

강의 활동, 컨설팅 활동, 그리고 대학원 수업까지 병행하면서 하루하루가 빡빡한 일정 속에서 돌아가고 있다. 바쁜 일정을 소화하기 위해서는 철저한 시간 관리는 필수다.

나는 타임 블로킹(time blocking) 기법을 적극 활용한다. 하루의 일정을 '해야 할 일 리스트'로 단순히 쓰기만 하는 게 아니라, 각 업무를 수행할 시간을 명확히 구분하여 블록을 나누는 방식이다. 예를 들어, 오전 9시에서 11시까지는 강의 준비 시간, 11시에서 12시까지는 이메일 및 업무 정리, 오후 1시에서 4시까지는 컨설팅 미팅, 5시 이후는 대학원 과제 및 연구 등으로 일정을 정리한다. 이렇게 일정 블록을 정해두면 각 업무에 몰입할 수 있고, 불필요한 업무 간섭을 줄일 수 있어 집중력이 향상된다.

또한, 하루를 마무리할 때 다음 날의 주요 일정과 목표를 미리 정리하는 습관을 들였다. 이렇게 하면 아침에 바로 일을 시작할 수 있고 하루를 체계적으로 보낼 수 있다. 바쁜 일정 속에서도 효과적으로 시간을 관리하며, 자기 계발과 업무 수행을 병행할 수 있는 노하우가 생겼다.

자기 계발을 위해 다양한 도전을 게을리하지 않았다.

대학원 석사 과정에서는 창업을 전공하며 창업에 대한 깊이 있는 공부를 했다. 수업을 듣는 것에 그치지 않고, 창업과 관련된 다양한 코칭 프로그램에 참여하며 실전 경험을 쌓았다. 이를 통해 예비 창업자와 초기 창업자를 대상으로 한 코칭 역량을 키웠다. 예비창업 패키지, 초기 창업 패키지 등 여러 프로그램에서 코치로 활동했다. 창업을 준비하는 젊은 청년들과 초기 창업자들이 가장 어려워하는 부분인 사업계획서 작성법, 자금 조달 방법, 초기 마케팅 전략 등을 코치하며 그들의 성장을 도왔다.

특히 기억에 남는 경험 중 하나는 대학원 수업 때 참여했던 예비 창업자 실전 프로그램이다. 이 수업이 어렵다는 평에도 불구하고 망설임 없이 신청했다.

설레는 마음으로 수업 첫날을 맞이했고, 나와 짝을 이루게 될 예비 창업자를 기다렸다. 드디어 내 파트너를 만났다. 국립한밭대학교 경영학과 4학년 졸업반 학생으로 창업에 대한 열정이 가득한 친구였다. 대학 생활을 하면서 창업에 관심이 많아 창업동아리 활동을 했다고 했다. 학생이 선택한 창업 아이템은 이중 안전고리였다. 방학 기간에는 아버지가 운영하는 건설회사에서 아르바이트하며 건설 현장의 안전 문제를 직접 목격했다. 이 경험을 바탕으로 건설 현장에서 사고를 줄일 수 있는 안전장치를 개발하고자 했다.

예비 창업을 도전하는 파트너와 함께한 3개월은 매우 뜻깊었다. 매주 만나 창업 아이템을 구체화하고, 사업계획서를 작성하며 정부

지원사업인 예비 창업 패키지에 지원할 준비를 했다. 예비 창업을 준비 중인 학생은 성실하게 모든 과정을 따라왔고, 결국 예비 창업 패키지 1차와 2차 심사를 모두 통과하며 큰 성과를 이루었다. 파트너가 합격했을 때 나 또한 마치 내 일처럼 기뻤고, 예비 창업 파트너의 창업 도전을 돕는 코치로서의 역할에 큰 보람을 느꼈다.

실전 창업 코칭을 통해 현장에서 얻은 경험을 바탕으로 나만의 창업 코칭 노하우를 정립했다. 초기 창업자들이 가장 어려워하는 부분을 구체적으로 도와주는 과정에서 나 또한 많은 것을 배웠다. 특히 젊은 창업자들이 다시 도전할 수 있도록 격려하고 그들의 열정을 끌어내는 역할을 하고 있다.

대학원 석사 재학 중에는 창업 AI 경진대회에도 참가하여 창업 아이템을 개발했다. 당시 내가 개발한 아이템은 낚시를 좋아하는 사람들을 위한 "Sport Fishing Spot AI 추천 서비스"였다. 이 아이디어로 대회에 참가해 우수상을 받으며 작은 성취감을 느꼈다. 도전은 나에게 자기 계발의 중요성을 다시 한번 일깨워 주었다. 작은 성취가 모여 큰 자신감을 만들고, 그 자신감이 또 다른 도전으로 이어진다는 것을 깨닫게 되었다.

자기 계발은 한순간에 이루어지는 것이 아니라, 매일의 작은 노력이 쌓여 만들어지는 것이다.

여행업을 하다가 강의를 시작하게 되었다. 처음에는 모든 것이 낯설었다. 실수도 많이 했다. 남 앞에 선다는 것 자체도 쉽지 않았다. 강의 자료를 만든 것조차 익숙하지 않았다. 그래도 포기하지 않고 방법을 찾아갔다. 지역에 상관없이 관련 교육을 찾아다니며 들었다. 선배 강사님들의 강의를 청강하면서 꾸준히 배워나갔다. 말이 자연스럽게 나올 때까지 리허설했다. 나는 오늘도 어제보다 더 나은 내가 되기 위해 새로운 도전을 이어가고 있다.

총알 장전

•

원미란

취업 준비하던 20대 중반. 경영학과를 졸업한 나는 어떤 직업을 가질까 고민했다. 어떤 일을 해야 지치지 않고 꾸준히 잘할 수 있을까. 좋아하면서 잘할 수 있는 것을 찾아야 했다. 그리고 어느 정도의 수입도 되어야 했다. 사람을 만나면서 에너지를 얻는 편이라, 그와 관련한 일을 찾았다.

마음 단단히 먹고 따뜻한 경상도에서 한파가 몰아치는 서울로 상경하였다. 내가 선택한 직업은 재무 설계사였다. 다양한 금융 지식을 쌓아 고객의 자산을 관리하는 일이다. 당시 금융권들 위주로 원서를 넣고 면접을 봤는데 상대적으로 보험회사는 진입장벽이 낮았다. 많은 사람이 도전하기 때문에 살아남기 힘들겠다는 느낌이 들었다. 남쪽에 살다 올라가서인지 추위는 생각보다 혹독했다. 몸과 마음이 꽁꽁 얼어붙었다. 출, 퇴근길 빙판길에서 종종걸음을 하듯 천천히 일을 배우기 시작했다. 입사 당시 단 한 건의 보험도 없었던 내가 보험에 대해 배우고 설계한다는 것이 쉽지만은 않았다.

취득해야 할 금융 자격증이 많았다. 홀로 서울에 있는 게 다행인 듯 시간적 여유가 있었다. 퇴근하면 도서관에 들러서 변액보험 판매 자격, 주식투자상담사, AFPK(Associate Financial Planner Korea) 등의 자격증 공부에 매진했다. 대학교 전공 관련 자격증들이었지만 힘들 수밖에 없었다. 전과와 어학연수로 인해 전공 공부를 할 수 있는 시간은 고작 2년이 다였기 때문이다. 입사 후 다시 대학교로 돌아간 느낌이었다. 조금 더 필사적이었던 것만 빼면.

금융전문가가 되기 위한 나름의 노력을 적어 보려고 한다.

첫 번째가 바로 공대에서 상대로 전공을 바꾼 일이었다. 처음 선택했던 과는 생명공학과였다. 점수에 맞춰 선택한 과였다. 대학에 와서 공부할수록 나와 맞지 않는다는 생각을 했다. 고민 끝에 상대 경영학과에 가기로 했다. 은행권으로 취업하려는 목적이 있었다. 경제와 관련한 공부들이 흥미롭게 다가왔다. 과를 바꾼 덕분에 훨씬 집중해서 공부할 수 있었다. 시간이 지날수록 나에게 맞는 분야라는 생각이 들었다. 취업해서 고객을 만날 생각하니 더욱 기대되었다. 상대 공부는 실질적으로 2년 정도 한 셈이다. 취업 준비를 위해 금융권 인터넷 카페에 우선 가입했다. 여기서 자기소개서를 쓰는 방법을 알게되었다. 면접에 필요한 중요한 정보들도 얻었다. 원서에 들어갈 사진도 중요했다. 카페에서 추천해준 부산에 있는 사진관에 가서 사진도찍었다. 인터넷 카페에서 만난 사람들과 오프라인에서 만나 취업 스터디도 함께 했다. 네 명 정도 사람들을 주기적으로 만났다. 면접에서 나올 수 있는 예상 질문을 연습했다. 금융권에 취업하기 위해 했던 노력이 나중에 많은 도움이 되었다.

두 번째 도전은 보험에 관한 자격증 공부였다.

우선 생명보험 자격증부터 시작했다. 보험회사에 입사하고 난 후 바로 취득했다. 일하려면 기본적으로 있어야 하는 순서였다. 보험에 대해 하나도 모르던 시절이라, 용어부터 어려웠다. 공부할수록 이 일을 잘 할 수 있을지 걱정이 앞섰다. 보험의 역사나 세금, 보험업법 등에 관한 공부를 주로 했다. 꾸준히 하다 보니 금방 적응이 되었다. 결국, 2주 만에 자격증을 손에 넣을 수 있었다.

다음 준비한 자격증이 변액보험 자격증이었다. 생각했던 것보다 어려웠다. 공부할 분량이 많아서 퇴근길에 도서관에서 들러 공부했다. 변액보험은 주식에 연계한 보험이다. 투자수익에 따라 보험금 수령액이 달라진다. 투자성과 보장성을 동시에 갖춘 보험의 한 종류다. 이 자격증은 고객이 문의하게 되면서 준비하게 되었다. 필요에 따라 준비하다 보니, 조금 더 간절하게 공부했던 기억이 난다.

손해보험 자격증도 연이어 취득했다. 생명보험은 생명이나 질병에 관한 보험이다. 손해보험은 일상생활에서 일어날 수 있는 사고에 대한 보험이다. 내가 소속된 곳은 생명보험사였다. 손해보험을 함께 상담하려면 교차판매를 할 수 있는 자격이 필요했다. 그래서 준비한 것이 손해보험 자격증이었다. 생명보험과는 달리 주택 화재나 자동차 사고, 일상생활에서 일어나는 상해에 대해 보장해주는 내용이었다.

이와 관련한 공부가 주를 이루었다. 일하는 중간 여유가 생길 때마다 책을 펼쳤다. 한 달 정도 후에 시험을 쳤다. 다행히 좋은 점수를 받고 합격할 수 있었다.

세 번째는 좀 더 전문적인 자산관리사를 위한 공부였다.

주식투자상담사를 먼저 준비했다. 대학교 때 취득했던 파생상품 투자상담사 자격증과 비슷해서 조금은 수월했다. 주로 주식에 관한 전반적인 지식과 시장의 흐름에 관한 이해가 많았다. 고객의 전반적인 재무를 상담하기 위해서는 주식에 관한 지식도 필요했다. 하나라도 더 도움이 될 수 있을 듯하여 준비했다. 동영상 강의가 많은 도움이 되었다. 주식 용어, 투자 기법, 차트를 보는 법 등 주식에 관한 전반적인 공부를 했다. 3개월 정도 준비해서 합격할 수 있었다.

AFPK(Associate Financial Planner Korea) 자격증에도 도전했다. 이 자격증은 재무설계나 은퇴 설계, 상속 설계, 부동산 설계, 투자 설계 등 자산관리에 관한 꼭 필요한 내용이 많았다. 이 자격증을 대학 다닐 때부터 갖고 싶었다. 일하면서 준비하려고 하니 쉽지 않았다. 지금까지 준비했던 자격증에 비해 3배 이상 힘들었다. 금융 전체를 다루는 내용이라 분량이 방대하기도 했고, 시험도 자주 치는 게 아니었기 때문이다. 기본적으로 이수해야 하는 집합교육과 원격교육도 있었다. 한 번 접수했다가 준비가 부족한 탓에 시험 일정을 다음으로 미루기도 했다. 일하면서 준비하기가 조금은 버거웠다. 포기하기에는 꼭 필요한 자격증이라는 생각이 들어 밤낮으로 공부에 매달렸다. 결국, 두 번째 도전에서 취득할 수 있었다.

 일을 제대로 하기 위해 체력 관리도 소홀히 하지 않았다.

 요가부터 시작했다. 요가는 생각이 날 때마다 시도했던 운동이다. 그때는 과격한 운동이 싫었다. 요가는 정적이면서 잔잔한 음악이 나오는 부분이 좋았다. 스트레칭을 하면 몸의 긴장이 이완되는 느낌이었다. 무엇보다 마치고 난 후, 이어지는 명상 시간에 많은 힐링 되었다. 5분 정도 눈을 감고 누워서 명상한다. 온몸에 힘을 빼고 아무 생각 없이 있다 보면 몸이 공중으로 떠오르는 느낌이 들기도 했다. 요가 하는 시간이 긴장된 몸을 풀어주는 귀한 시간이었다.

 다음으로 시작한 운동은 스피닝이었다. 둘째를 낳고 살이 많이 쪘다. 관리가 필요했다. 집에서 10분 거리에 있는 헬스장에 마침 스피닝 수업을 하는 곳이 있었다. 자전거를 탈 수 있어서 처음에는 쉽게 생각했었다. 첫 수업을 마치고 거의 기다시피 나왔다. 운동량이 만만치 않았다. 그래도 음악이 신나기도 했고 땀이 나는 자체가 좋았다. 거의 매일 갔다. 2년 넘게 스피닝 수업을 들었다. 덕분에 살도 빠지고 몸에도 근력이 생기기 시작했다.

 수영은 제일 오래 한 운동이다. 어릴 때 목욕탕에 빠진 경험이 있다. 나름 물에 대한 트라우마가 생겼다. 아이를 낳고 나니, 이 트라우마를 극복하고 싶다는 마음이 들었다. 잠이 많은 나에게 새벽 수영은 커다란 도전이었다. 마침 집 근처에 수영장이 있었다. 혼자 가기는 용기가 나지 않아 친한 친구와 함께 가기로 했다. 초급반 남자 선생님이 생각보다 유쾌했다. 수업이 지루하지 않았다. 물에 뜰 수 있다는 사실이 신기했다. 점점 물에 대한 공포를 극복하게 되었다. 두 달 만에 중급반으로 갈 수 있었다. 수영은 주로 새벽 6시에 시작한다. 이로 인해 새벽에 일찍 일어나는 습관을 만들 수 있었다. 어릴 적 트라우마를 조금씩 극복하며 새로운 나의 모습을 발견한다. 자신감은 점점 높아지기 시작했다. 무엇보다 활기차지기도 하고, 굽었던 어깨가 펴지면서 자세가 좋아졌다. 지금은 최상급 반에서 수업을 듣고 있다.

제대로 된 재무 설계사가 되기 위해 꾸준히 노력해 왔다. 관련 공부도 계속하고 무엇보다 체력 관리를 빼놓지 않았다. 누군가에게 도움을 주기 위해서는 제대로 준비해야 한다. 자신감은 나로부터 시작된다. 내가 얼마나 공을 들였는지, 누구보다 나 자신이 가장 잘 아는 법이다. 오늘도 고객 앞에서 부끄럽지 않은 전문가가 되기 위해 노력하고 있다.

고등학교 입학도 못한 내가
선생님이 되다

•

유연옥

평범한 주부로 살다가 사회생활을 하기까지 노력한 부분들이 있다. 그중에 몇 가지를 떠올려 본다.

첫 번째가 부동산 공인중개사 도전이었다. 1998년 9월 신문에서 H 대학교 공인중개사과정 광고를 보았다. 남편이 머리가 좋으니 한번 해보라고 권했다. 공인중개사가 어떤 일을 하는지 궁금했다. 중개업을 하지 않아도 경매, 투자 등을 할 수 있다는 말에 끌렸다. 하루 3시간 교수진의 수업을 들었다. 4개월 동안 교과서를 2회 반복하고 사회교육원(지금의 평생교육원) 수업은 끝이 났다. 보험회사에 출근해 업무를 마치면 대학 도서관에서 인터넷 수강도 하면서 12시간 이상 집중했다. 모의고사 점수도 잘 나왔다. 1999년 4월 시험문제가 어렵지 않아 잘 풀었다. 그러나 모의고사에서 가장 점수가 좋았던 과목 과락으로 1차만 합격했다. 공인중개사법 시험에서 답을 한 칸씩 올려 쓰는 실수를 저질렀다. 시험에 떨어졌다고 생각하니 허무했다. 많은 에너지를 쏟아부어 더 이상 아무것도 할 수 없었다. 1년 동안 책만 보던 내가 허공을 바라보는 시간이 많아졌다. 5살 아들은 '엄마 부동산 부동산' 하며 따라다녔다. 아들의 말에 힘을 얻어 다시 시작했다. '내 삶에 포기란 없다. 끝까지 한다'라고 책상 앞에 메모지를 붙여 놓았다. 하루 4시간 이상 자지 않고 직장과 도서관을 오갔다. 2000년 9월 2차 시험에 합격했다. 노력은 배신하지 않았다. 합격 발표가 나고 그해 12월에 공인중개사 사무실을 오픈했다.

막상 부동산 사무실을 오픈하고 나니 마음이 공허했다. 2년 동안 새벽 별을 보고 다녔는데 사무실에만 있으니 마음 한구석이 텅 빈 느낌이었다. 텔레비전에서는 2001년 새해를 맞이해 다양한 프로그램을 보여주었지만 난 아무 감흥이 없었다. 내 마음을 알았는지 눈치빠른 남편이 '당신 공부하는 것 좋아하니 한번 해 봐'라며 방송통신대학교 학생 모집 기간이라고 알려주었다.

2001년 1월 10일 눈이 많이 내려 버스도 제대로 다니지 못하는 날이었다. 남편은 중개업에 도움이 되는 법학을 전공하라고 하고, 난 내 꿈이었던 국문학을 전공하겠다고 했다. 그날이 접수 마감일이었다. 접수하려면 고등학교 졸업 증명서를 제출해야 했다. 경기도 교육청에 팩스민원을 신청하고 민원실에서 3시간을 기다렸다. 오랜 기다림 끝에 고등학교 졸업 증명서를 받을 수 있었다. 마감 시간 전에 방송통신대학교 천안학습관에 도착했다. 신입생 신청서를 작성했다. 공인증개사 일에 도움이 될 듯해서 법학과로 결정했다.

1981년 검정고시를 공부했던 무더웠던 여름날이 주마등처럼 스쳐 지나간다. 고등학교를 졸업하고 20년 만에 대학생이 되었다. 동기들보다 나이가 많아서인지 따라가기 어려웠다. 처음이라 모든 게 낯설기만 했다. 1학기 첫 출석 수업은 대전 충남 지역 대학에서 진행되었다. 헌법 시간 교수님의 말씀을 하나도 이해하지 못했다. 국어가 어려운 말이었는지 당황스럽기만 했다. 3일 후 출석 시험에서 헌법은 출석 기본점수인 22점을 받았다. 졸업을 못 할 것 같은 두려움이 생겼다. 동기들에게 스터디를 하자고 제안했다. 일주일에 2회 3시간씩 참석했다. 4년 동안 학점이 높지는 않았지만, 과락은 없었다.

4학년 기말시험을 앞두고 남편이 대학원 진학을 권유했다. 단국대학교 정책경영 대학원 사회복지학과에 지원했다. 대학원에 입학 후 지역사회를 위해 봉사활동을 시작했다. 매주 발표 수업이 있었다. 지역에서 실천할 수 있는 대안에 관한 내용이었다. 실질적인 사례 위주의 공부라서 재미를 느꼈다. 현장에서 적용해 보고 싶은 마음도 들었다. 2년 반 만에 대학원을 졸업했다. 부동산을 하면서 대학원을 다녔다. 일주일에 하루 3시간 수업을 했다. 그 시간이 부족하게 느껴질 정도였다.

대학원을 다니면서 공부의 부족함을 느꼈다. 좀 더 전공을 확대하고 싶은 마음도 생겼다. 어떻게 하면 될까 고민하다가 한국방송통신대학교의 청소년학과에 편입했다. 대학교와 대학원 공부를 병행하게 되었다. 청소년학과를 전공하면서 우리 아이들을 양육하는 데 큰 도움을 받았다. 아이들의 성장 과정을 공부를 통해 알 수 있었다. 아이들의 눈높이를 좀 더 이해하게 되었다. 소통을 할 수 있는 계기가 되었다. 청소년지도사, 보육교사, 사회복지사 자격도 갖추었다. 봉사 활동의 폭도 넓혔다.

그 외 다양한 분야에 도전했다.

맨 처음 도전한 것이 지역 금연지도사였다. 지역에 뭔가 도움이 되는 일을 하고 싶었다. 부동산을 운영할 때라 시간적 여유가 있었다. 마침 천안시 보건소에서 금연지도사를 모집한다는 내용을 교차로를 보고 알게 되었다. 관심이 갔다. '금연'이라는 말을 평소에 좋아하기도 했다. 3일 동안 시청에서 교육을 받았다. 바로 보건소에서 진행하는 금연 캠페인에 참여하게 되었다. 대학생 대상 캠페인을 한 것도 기억난다. 금연에 성공하면 장학금을 주는 이벤트도 있었다. 보건소 직원들과 함께하는 시간이 좋았다. 무엇보다 봉사자라는 자격이 자랑스럽게 느껴졌다. 천안 종합터미널에서 캠페인을 할 때였다. 교차로에서 자원봉사자 인터뷰를 진행했다. 그때 대표로 인터뷰에 응했다. "봉사하면서 오히려 제가 얻는 게 더 많습니다"라고 했던 부분이 교차로 신문 기사에 실렸다. 아직도 그 신문을 스크랩해서 간직하고 있다.

가정폭력·성폭력 전문상담원 양성 과정도 이수했다. 교육을 받으면서 성매매 현장에서 일하던 사람을 만났다. 자신의 이야기를 들려주는 시간이 있었다. 커튼 뒤에서 그 사람이 말하고 밖에서 교육생들은 듣는 방식이었다. 사람이 사람에게 그렇게까지 잔인해질 수 있을까 싶었다. 그 상황에서도 살기 위해 노력했던 그녀의 처절함이 보였다. 그들에게 작은 도움이라도 주고 싶었다. 비즈 공예로 생활비를 벌고 있다고 해서 비즈 공예품을 사기도 했다. 매년 3·8 세계여성의 날에 참여한다. 이날은 여성의 권리를 찾기 위해 거리 캠페인을 주로 한다. 이날 위안부 할머니들이 있는 시설에 방문했다. 아픈 상처를 묵묵히 들어주었다. 할머니들의 아팠던 삶이 고스란히 전해졌다. 이때를 계기로 여성의 인권 성장에 관한 사명감을 많이 느끼게 되었다.

생명존중자격 과정을 공부한 것도 큰 도움이 되었다. 이 공부를 시작한 이유는 폭력피해자를 만나면서부터였다. 그들은 대부분 삶에 대한 애착이 없었다. 그들에게 뭔가 희망을 주고 싶었다. 여성긴급전화 1366에서 근무할 때였다. 새벽 2시쯤에 전화가 걸려 왔다. 전화기 너머로 찰랑찰랑 물소리가 들렸다. 들릴 듯 말 듯 작은 목소리로 누군가 말했다. 30대 정도의 여성의 목소리 같았다. 어딘지 모르겠다는 말을 했다. 그러고는 말이 없었다. 순간, 자살을 생각하나 싶었다. 대화를 천천히 이어가면서 112에 위치 파악을 요청했다. 경찰이 현장에 도착할 때까지 전화가 끊기지 않도록 했다. 경찰이 대상자를 만났다는 이야기를 듣고 나서야 전화를 끊을 수 있었다. 그 후로 좀 더 전문가적인 접근이 필요하겠다는 생각이 들었다. 인터넷에 검색해서 자살 예방 상담에 관한 자격 과정을 알게 되었고, 바로 신청해서 과정을 이수했다. 지금도 다양한 분야에 도전하고 있다.

다양한 도전을 통해서 꾸준히 성장하고 있다. 만나는 사람들에게 필요한 정보를 제공할 수 있었다. 도전할수록 하고 싶은 분야가 늘어나기도 했다. 어떤 일을 하려고 할 때, 자격을 갖추는 것이 먼저다. 모든 기회는 철저하게 준비한 사람만이 가질 수 있다. 당장 성과가 보이지 않는다고 머물러 있는 것이 아니라, 그럴 때조차 공부하는 자세가 필요하다. 오늘도 나는 쉬지 않고 내일을 준비하고 있다.

끝없는 도전

•

윤현호

20살에 열 살 차이 나는 남편을 만나 결혼했다. 바로 아이를 가지면서 양육으로 인해 학업을 지속하지 못했다. 그러나 남편과 약속했다. 같이 교회에 다니는 것과 다시 공부하는 것이었다. 언젠가 기회가 된다면 내 꿈을 펼쳐 보겠다고 다짐했다. 첫째가 유치원에 갈 때까지는 육아에만 전념해야겠다는 생각을 가졌기 때문에 사회생활은 꿈도 꾸지 않았다.

결혼 후 10년 정도 흘렀다. 본의 아니게 일을 시작하게 되었다. 비록 1997년 IMF 때 남편의 사업 부도로 인한 시작이었지만 어려움이 오히려 기회가 되었다. 일하면서 필요에 따라 공부도 시작했다. 학업에 대한 갈망은 끝이 없었다. 그것은 내일을 위한 자기 계발의 출발이자 나 자신과 싸움이기도 했다.

첫 번째 도전은 진학이었다. 양육도 하고 보습학원에서 초등학생을 가르치고 있어서 주간에 대학 다니는 일은 쉽지 않았다. 야간에 공부할 수 있는 길을 찾아보기 시작했다. 유아교육과에 입학하게 되었다. 시험기간에는 지역이 가까운 학과생끼리 밤 10시까지 같이 공부했다. 바쁜 일상 속에서 시험 준비하느라 힘들었지만 잘 마칠 수 있었다. 졸업 후에는 다시 법학과에 편입했다.

지금까지 한 번도 쉬지 않고 자기 계발을 위해 달려왔다. 나 자신을 위해서였다. 그것이 기쁨이었고 생활의 활기였고 존재 이유였기 때문이다. 나는 계획형 인간이다. 한 가지를 마치면 다음 단계는 무엇을 해야 하는지 부단히 고민하고 그림을 그린다. 이제 대학을 졸업했으니 대학원에 가야겠다고 생각했다.

초등학교 10살 때부터 목사가 되고 싶었기 때문에 직장을 그만두고 총신대학교 신학대학원에 입학했다. 3년의 석사 과정도 잘 마쳤다. 어느 날 신문 광고를 보게 되었는데 용인에 있는 웨스트민스터신학대학교대학원에서 소그룹학과(Th.M) 과정을 알게 되었다. '그래, 앞으로는 소그룹 모임이 중요하지' 생각하고 원서를 넣었고 합격했다. 소그룹 학과 과정은 그 학교에만 있었다. 권문상 교수님, 이상화 교수님 등 인생의 멘토가 되는 분들을 만났다. 이후에도 도전을 계속했다. 사이버대학교에서 사회복지사 자격증도 취득했다.

두 번째 도전은 강사였다. 내가 가지고 있는 좌우명은 '목적이 이끄는 삶'과 '준비하면 준비한 대로 쓰임 받는다'이다. 내가 좋아하고 잘하는 일은 사람들과 소통하는 것이다. 잘 들어주고 조언해 주고 방향을 제시해 주는데 기쁨을 얻는다. 사람들 앞에 서는 것이 떨리기도 하지만 두렵지는 않다. 오히려 타인과의 관계에서 에너지를 받는다. 새로운 사람을 만날 때 어떤 유익을 줄 수 있을지 고민하게 된다. 그래서 강사 영역에 도전하게 되었다. 대한군상담학회에서 생명존중자살예방교육과 군상담심리사 2급을 이수했다. 신기하게도 공부했던 것이 기회가 되어 강의 현장에 나가게 되었다. 경기도 파주와 강원도에 있는 군부대 및 경기여고와 수도권의 몇 개 교회였다.

교회와 기관에서 '건강한 관계 형성을 위한 피플 퍼즐 DISC'로 리더들 소그룹 강의 의뢰도 들어왔다. 먼 거리에도 피곤한 줄 모르고 달려갔다. 어디에선가 누군가에서 쓰임 받을 수 있다는 것 하나만으로 행복했다. 더 다양한 분야에서 폭넓게 강사로 활동하고 싶었다. 인터넷을 찾던 중에 국민강사교육협회를 알게 되었고 강사들이 전국에서 활동하는 것을 보았다. 나도 언젠가 저런 강사가 되었으면 하는 마음으로 문을 두드렸다. 법정의무교육, 인권교육, 웃음치료, 노인일자리 등에 도전했다. 자격 과정을 이수했고 2024년에는 새로운 강의 현장에도 나가게 되었다. 문을 두드리고 구하고 찾으면 길이 보인다. 앞으로 더 많은 영역에서 강사로 활동하는 날을 기대하며 준비하고 있다.

세 번째 도전은 상담사였다. 나는 죽음에 대해 관심이 많았다. 어떻게 하면 잘 죽을 수 있을까. 이왕이면 아프지 않고 건강하게 살다 갈 수는 없을까. 그러나 병은 누구에게나 예외 없이 찾아온다. 건강검진을 하다 보니 주기적으로 추적 관찰을 해야 하는 곳이 많이 생겼다. 20대 초반 결혼생활 중에 갑상선기능항진증을 앓게 되었다. 너무 피곤해서 일상생활을 할 수가 없었다. 3년간 약을 먹었다. 그 후로 약에만 의존하는 것이 싫어서 끊었다. 3년 후에 검사해보니 감사하게도 수치가 정상적으로 나왔다. 흔하지 않은 일이었다. 갑상선 질환으로 힘들어하는 사람들을 만나게 되었고 나처럼 회복한 사람도 있다고 힘을 내라고 말해주었다. 암으로 힘들어하는 지인들을 알게 되면서 도움을 줄 수 있는 길을 찾게 되었다. 8년 전부터 대학병원에서 생을 마감하는 이들에게 도움을 줄 수 있는 일을 시작했다. 웰다잉, 웰에이징지도사 공부를 하고 자격증을 취득했다. 가족 간에 갈등이 깊어져서 응어리가 된 문제들을 털어내는 일들을 도왔다. 남은 시간 더 사랑하고 더 아껴주어도 부족한 시간이기 때문이다.

하루에도 많은 환자와 보호자를 만난다. 수술받고 회복하여 퇴원하는 환자들도 많다. 그러나 정기적인 항암치료로 인해 몇 주에 한 번씩 병원에 오는 환자들도 적지 않다. 장기 입원하여 항암 투여와 기타 약물치료를 병행하는 경우도 있다. 금식하는 일은 다반사다. 그들을 찾아가 무슨 말을 할 수 있겠는가. 그저 고민을 들어주고 격려해 주고 돌아온다. 한 번도 지친 적이 없다. 통증이 사라지고 회복되어 일상으로 돌아가길 간절히 소망한다. 그런 과정을 보면서 나의 노후는 어떻게 될지 깊이 생각하게 된다.

자식에게 걱정을 끼치지 않는 부모로 삶의 마지막을 준비하고 싶다. 다른 사람들에게 도움을 주고 싶어서 3년 전에 국립연명의료관리기관에서 사전연명의료의향서 작성을 도와주는 상담사 과정을 이수했다. 임종 과정에 있을 때 치료에 대한 자기 결정을 스스로 하는 일이다. 매주 1회 강남세브란스병원에서 상담 및 작성에 도움을 주고 있다. 앞으로도 이 일을 더 확대하고 싶은 소망이 있다.

청년들은 취업 준비나 사업을 해 보기 위해서 많은 분야에 도전하고 경험을 쌓는다. 50, 60대 세대로 다를 바 없다. 가정 형편이나 성차별로 인해 도전하지 못했던 것을 실행해 보는 데 늦지 않았다.

몇 년 전 딸이 피아노학원을 운영했는데 40, 50대 여성들이 자주 온다고 했다. 어릴 적에 한 번 정도는 경험했을 피아노에 대한 막연한 꿈을 이루어보기 위해서였다. 마음속 한구석에 묻어 두었던 소원을 꺼내어 도전해 보는 것은, 이미 반 이상은 꿈을 이룬 것이나 다름없다. 늦었다고 생각할 때가 가장 빠르다. 지금 바로, 시작하면 충분하다.

강제 미라클 모닝,
나와 온전히 만나는 시간

•

전수은

    전문성 있는 산업안전교육 강사가 되고 싶었다. 그러던 중 산업
안전기사라는 자격증에 대해 알게 되었다. 안전 분야에서 전문성이
있는 자격증이었다. 시험 일정을 찾아보니 1년에 3번 있는 시험이었
다. 1차 필기시험에 합격하고, 2차 실기시험도 합격해야 최종 합격이
다. 필기시험까지는 두 달 정도 남아 있었다. 짧은 준비 기간이었지만
꼭 합격하고 싶었다. 나에게 지원해 주는 이상한 대표님에게 보여주
고 싶었던 마음도 있었다. 당신의 선택이 틀리지 않았다고 확신을 주
고 싶었다. 바로 책을 사서 공부를 시작했다.

    산업안전기사 시험과목은 6과목이다. 2달 동안 6과목을 공부해
야 했다. 그중 기계 과목, 전기 과목에서 공학용 계산기를 사용해야
하는 계산 문제들이 많았다. 학교 다닐 때 나는 일명 '수포자'였다. 수
학을 포기한 자의 줄임말이다. 고등학교 때 수능 모의고사를 치고 나
니 담임선생님이 나를 불렀다. 수리 영역이 9점이 나온 것이다. 100

점 만점에 9점을 받았다. 선생님은 9점이란 점수가 찍어서 나온 건지 풀어서 나온 건지 물었다. 풀었다는 내 대답에 앞으로는 차라리 찍으라고 했다. 그 정도로 수학 머리가 없었던 나에게 제일 큰 난관이었다. 시험에 합격하기 위해 나름대로 전략을 세웠다. 절대평가 시험에서는 평균 60점만 넘으면 합격이다. 61점으로 합격하나 95점으로 합격하나 결과는 같다. 계산 문제가 있는 과목에서는 40점 미만으로 받는 과락만 피하고, 암기과목에서 점수를 높이자는 전략이었다. 결승점을 향해 앞만 보고 달리는 경주마처럼 목표가 생기면 미련할 정도로 열심히 하는 편이었다. '달려라 전수은! 결승점은 합격이다'

회사원들은 나를 위해 쓸 수 있는 시간이 부족하다. 이동시간까지 생각하면 아침 7시부터 저녁 6시까지 회사를 위해 쓴다. 출근 전 공부하거나, 퇴근 후 공부하는 것, 선택은 두 가지였다. 초반 며칠은 퇴근 후 공부했다. 종일 일하다 집에 오면 온몸에 진이 빠져 손 하나 까닥하기 싫었다. 씻고, 저녁 먹고, TV를 보다 보면 어느새 12시가 되었다. 책상에 앉기까지가 오래 걸렸다. 그나마도 하얀 것은 종이고 검은 것은 글씨였다. 머리에 하나도 들어오지 않았다. 그래서 새벽에 일어나 공부해 보기로 했다. 그때부터 새벽 4시에 기상하는 강제 미라클 모닝이 시작되었다. 새벽 4시에 일어나 2시간 정도 책을 보고, 회사로 가는 생활을 2달 동안 했다. 처음엔 새벽에 일어나기가 힘들었다. 핸드폰 알람을 5분 단위로 10개나 설정해 두었다. 그것도 부족해서 시끄러운 알람 시계를 샀다. 옆집에서도 들을 수 있을 정도로

어제보다 나은 나를 위하여

크게 울리는 자명종 시계다. 효과는 좋았다. 알람 소리에 억지로 눈을 뜨고, 천근만근 같은 몸을 일으켰다. 생수 500㎖를 원샷하고, 믹스 커피 2개를 탔다. 바로 책상에 앉았다. 뜨거운 김이 올라오는 커피를 홀짝거리며 정신을 차렸다. 저녁보다 맑은 정신으로 공부할 수 있었다. 집중도 잘 되었다. 어느새 이 시간을 즐기기 시작했다. 동트기 전 창밖에 세상은 깜깜하고 고요했다. 아직 세상도 일어나기 전 같았다. 이 침묵이 좋았다. 방해받지 않고 나와 온전히 만날 수 있는 시간이었다. 무엇인가에 도전하고 있는 만족감이 들었다. 어제보다 나은 내가 되는 것 같아 기특했다. 하지만 체력적인 한계에 부딪혔다. 잠이 절대적으로 부족했다. 하루 수면시간이 3~4시간 정도였다. 따로 낮잠도 잘 수 없었다. 회사에서는 최대한 피곤한 티를 내지 않으려고 했다. 평일 저녁에는 웬만하면 약속을 잡지 않았다. 주말도 포기하고 공부했다. 한 달 정도 이 생활을 하니 좀비가 되는 거 같았다.

잠이 부족해 피곤했고 얼굴은 핼쑥해졌다. 할 일들은 많은데 하루 24시간이 부족했다. 미래에 내 수명을 미리 당겨서 쓰고 있다는 생각이 들 때쯤 필기 시험일이 되었다. 결과는 합격이었다. 실기시험까지는 한 달 정도의 기간이 남아 있었다.

실기시험은 객관식이 아닌 서술형이다. 모른다고 찍을 수가 없다. 필기시험을 준비할 때와 똑같은 고통과 인내의 시간을 한 달 더 보냈다. 합격이 더 간절해졌다. 시험에 떨어져서 이 생활을 또 하기 싫었다. 10년 치 기출문제를 보며 답을 달달 외웠다. 거푸집, 용바리 등 전문적인 용어가 많아 잘 외워지지 않았다. 같은 문제를 10번, 20번,

수십 번 봤다. 안 외워지던 문제들도 외워지기 시작했다. 한 달 뒤 실기시험을 보고 합격자 발표까지 떨리는 마음으로 기다렸다. 서술형이라 가채점으로 점수를 예측하기 어려웠다. 피가 마르는 한 달이 지나갔다. 결과는 합격이었다. 지난 몇 개월간에 나의 노력을 보상받는 것 같았다. 남들은 내가 똑똑해서 쉽게 합격한 줄 안다. 머리가 좋은 편이 아니다. 피나는 노력으로 버텨낸 결과이다. 같은 방법으로 회사에서 필요한 경비지도사 자격증도 공부했다. 이것 역시 합격했다.

자격증 시험공부 때문에 하게 된 강제 미라클 모닝이 좋아졌다. 합격 이후에도 새벽 시간을 활용하기로 했다. 독서 하거나 감사 일기 쓰고 필요한 공부가 있으면 하기도 한다. 글쓰기 수업에 등록하면서 독서를 하게 되었다. 글을 잘 쓰고 문장력을 높이기 위해 독서는 필수였다. 매주 수업에서 책 한 권씩 추천해 주었다. 추천 책 중 제목이 마음에 드는 것들을 도서관에서 빌렸다. 평소 책을 전혀 읽지 않았다. 처음엔 호기롭게 세 권을 빌려왔다. 2주 동안 세 권을 다 볼 수 있을 거라고 생각했다. 책을 안 읽었던 탓에 감이 없었다. 빌려온 세 권 중 한 권도 다 못 읽고 그대로 반납했다. 욕심을 줄이고 한 권씩 빌려왔다. 바쁘다는 핑계로 그것마저도 다 읽지 못하고 반납했다. 그래도 또 빌려왔다. 읽든 안 읽든 꾸준히 빌려와서 책을 가까이에 두었다. 몇 달 동안 반복하니 점점 독서량이 늘어났다. 드디어 완독한 책이 나왔다. 〈불편한 편의점〉이라는 책이었다. 매일 5분씩, 10분씩이라도 보려고 했다. 한 장이라도 읽자는 마음으로 책을 잡았다. 독서를 하다 보니 읽고 싶은 책이 많아졌다. 그중에는 소장하고 싶은 책도 생겼다. 나에게 큰 변화이다. 책을 살 돈으로 치킨을 시켜 먹던 나다. 독서는 마음의 위안이 되었다.

매일 감사일기를 쓴다. 새벽에 일어나 전날 있었던 일 중에 감사한 것을 쓴다. 길게 쓰지 않아도 된다. 바쁠 땐 한 줄만 쓰기도 한다. 누군가에게 커피를 사준 일, 먹고 싶은 음식을 먹은 일, 사고 없이 지나간 일 등에 대해 감사 일기를 썼다. 커피 한 잔의 여유를 베풀 수 있는 지금의 내가 감사했다. 돈이 없어서 밥을 굶었던 적도 있었는데 먹고 싶은 것을 마음껏 먹을 수 있어서 행복했다.

여유로운 주말 오전, 모닝커피 한잔을 하며 감사 일기를 쓰다가 눈물을 펑펑 흘린 적이 있다. 지금 내가 누리고 있는 것들이 기적 같았다. 전셋집이지만 방 2개, 거실 1개가 있는 신축 아파트에 혼자 살고 있다. 현관은 지문인식이 되는 도어록이고, 보일러를 틀면 화장실 바닥까지 따뜻해진다. 어릴 때는 냄새 나는 단칸방에서 바퀴벌레와 쥐들이랑 뒤엉켜 살았다. 재래식 화장실 하나를 여러 집이 같이 사용했다. 따뜻한 물이 나오지 않아 겨울에도 찬물에 씻거나 물을 끓여서 씻어야 했다. 이제 나를 힘들게 하거나 책임져야 할 사람들도 없다. 별일 없이 지나가는 이 하루가 소중하다. 앞으로도 더 잘 살고 싶은 마음이 들었다.

잠도 줄여가며 산업안전기사 자격증에 도전했다. 새벽 시간의 소중함을 알게 되면서 미라클 모닝도 꾸준히 하게 되었다. 덕분에 책도 읽기 시작했다. 감사 일기를 통해 매사에 감사한 일들을 떠올리기도 했다.

무슨 일이든 계속하다 보니, 나의 습관이 되어있었다. 그냥 생각만 해서는 불가능하다. 무언가를 하겠다고 마음을 먹었으면 끝까지하는 게 중요하다. 반복하면 습관이 된다. 습관은 나를 만든다. 지금내가 반복적으로 하는 모든 것이 내 인생이 된다.

4부

달라진
인생

매일 조금씩 더 나아지는
나를 발견한다!

•

김경우

　남편과 소통이 어려워 배웠던 마음공부. 아이들을 키우면서 많은 도움이 되었다. 상대방의 마음을 이해하기란 쉽지 않다. 둘째 아이 고등학교 1학년 때 일이다. 엎어지면 코 닿을 정도로 가까운 거리에 학교가 있었다. 아이는 허구한 날 지각하기 일쑤였다. 이른 아침 강의 가느라 먼저 집을 나섰다. 알람을 해놓았기에 지각하지 않겠지 하며 출근했다.

　저녁을 먹으면서 둘째 아이와 잠시 이야기를 나누었다. 알람을 못 들어서 학교에 지각했다고 말했다. 그래서 몇 시에 등교했냐고 물었다. 10시에 갔다는 이야기를 들었다. 화내지 않고 학교 가주어서 고맙다고 칭찬해 주었다. 아이는 그게 왜 고맙냐며 어리둥절했다. 수업 도중에 교실 문을 열고 들어가기 어려울 텐데 가줘서 얼마나 고맙냐. 혼날 거라 생각한 아이는 칭찬을 들으니 기분이 좋다며 즐거워했다. 혼내기부터 했다면 마음이 많이 다쳤을 것이다. 아이의 마음을 헤아릴 수 있었던 것은 마음공부 덕분이었다.

더 나아가 마음공부는 학생들 진로 봉사에 도움이 되었다. 홍성
교육지원청 학부모 봉사단 '꿈 사다리동아리'로 활동하게 되었다. 광
천도서관에서 박람회가 열렸다. 부스는 가장자리에 자리했다. 구석에
있음에도 불구하고 다른 부스에 비해 학생들 줄이 길게 늘어섰다. 학
생들을 만나보면 학업에 관한 걱정, 친구에 관한 걱정거리가 많다. 공
부 방법은 다양하다. 혼자 할 때 공부가 잘되는 사람, 함께 할 때 공
부가 더 잘 되는 사람 등 여러 방법이 있다. 에니어그램을 이용해 학
생들과 심리검사를 한다. 결과지를 보고 학생들의 공부 방법을 이야
기한다. 자신에게 맞는 공부 방법을 찾아내고 좋아하는 학생들을 볼
때면 뿌듯하다. 친구와 소통하는 방법, 나와 잘 맞는 친구는 어떤 유
형인지 알아보는 활동 등으로 구성된다. 아이들의 관심이 높다.

마을 어르신들을 대상으로 웰다잉 교육한다. 웰다잉이란 잘 죽
는다는 의미보다 더 잘사는 것, 남은 삶을 더 의미 있고 존엄하게 살
아가는 과정이다. 경로당에 가서 웰다잉을 주제로 어르신들을 만난
다. 교육하다 보면 왜 계속해서 죽는 얘기만 하냐며 화를 내는 분이
있다. 하지만 태어나고 죽는 건 세상의 이치다. 누구도 거스를 수 없
다. 사람은 다 죽는다. 다만 죽는데 당하는 죽음보다는 준비하는 죽
음이 되어야 한다고 운을 뗀다. 준비하는 것과 안 하는 것은 차이가
있다. 사랑하는 사람이 갑자기 내 곁에서 사라진다면 얼마나 슬플지
짐작해 보자고 한다. 하고 싶은 말도 못 하고, 해주고 싶은 것도 못

해주고 떠나보냈다고 생각해 보라고. 이렇게 말하면 어르신들이 고개를 끄덕인다.

행복하기 위해 무엇이 필요한지 물어본다. 일, 돈, 가족, 친구라고 말한다. 이 중에서 하나만 선택한다면 많은 어르신이 가족을 고른다. 슬픔까지도 함께 나눌 수 있는 가장 가까운 사람. 그래서 가족은 나를 지켜주는 울타리라고 말한다. 자신을 돌아보기, 가족이나 친구와 소통하기, 장례 방법이나 유언장 작성하기 등을 이야기한다. 웰다잉을 실천하는 방법이 많다는 걸 다시 한번 알게 된다. 이때 사전연명의료의향서 작성도 꼭 말한다. 사전연명의료의향서란 말기 암 환자나 중증 환자가 치료 효과 없이 임종 과정만 연장하는 인공호흡기, 심폐소생술, 혈액투석, 항암제 투여 등을 하는 것을 중단하는 것이다.

웰다잉 교육은 죽음에 관한 이야기가 아니다. 살면서 내 옆에 있는 사람들과 더 좋은 추억을 쌓고 행복한 삶을 만들어가도록 도움을 주는 것이다.

놀이 체육 강의도 하고 있다. 전래 놀이 강의하다가 놀이 체육 과정이 있어서 추가로 수료하게 되었다. 주로 초등학생들을 만난다. 활동이 많아서 강당에서 수업을 진행한다. 보통 학년별로 교육을 한다. 며칠 전에는 아이들과 낚시 놀이를 했다. 총 2팀이 출발한다. 1단계는 홀라후프 줄넘기를 다섯 번 하기다. 2단계는 손으로 배구공을 튀겨서 20미터 정도 떨어진 통에 넣고 출발선으로 다시 돌아온다. 3단계는 장화와 오리발, 둘 중 먼저 온 사람이 마음에 드는 걸 선택한다. 4단계는 선택한 것을 신고, 통이 있던 자리까지 다시 간다. 5단계는 그곳에서 자석 낚시를 한다. 미션이 적힌 물고기를 낚아 출발선에 다시 가지고 돌아온다. 그렇게 미션을 열어 수행하면 게임은 끝이 난다. 보통 미션에는 학교 교가 부르기, 친구에게 하트 날리기, 토끼뜀 뛰기 등이 있다. 진 팀에게 마지막 벌칙을 준다. 벌칙에는 팀끼리 손을 잡고 파도타기 하는 것들이 있다.

놀이 체육은 활동 위주라 아이들이 적극적으로 참여하는 편이다. 협동심도 키워주고 배려심도 알게 한다. 무엇보다 체력을 길러주는 데 효과적인 시간이다. 게임에만 빠져 있던 아이들이 친구들과 어울리는 모습을 보면 보람을 느낀다. 순수한 아이들을 만나면서 나도 힐링하고 있다.

한 달에 두 번씩 금융교육으로 천안개방교도소를 방문하고 있다. 인성교육으로 한번, 출소하기 전 대상자를 위한 신용교육으로 또 한번 방문한다. 인성교육 대상자와 출소대상자의 교육내용은 다르다.

인성교육으로 만나는 대상자들에게는 영치금 관리를 집중적으로 교육한다. 영치금이란 가족이나 지인이 전해준 돈을 의미한다. 영치금은 저마다 다르다. 10만 원에서부터 70만 원까지 다양하다. 사용 품목을 조목조목 적는다. 교육 주제는 지출을 최대한 아껴보는 것이다. 모방 소비나 충동 소비를 줄여본다. 도서비는 교도소 도서관을 이용한다. 약품은 미리 사지 않고 필요할 때마다 산다. 생활용품을 아껴 쓴다. 이렇게 해보니 생각보다 많은 돈을 아낄 수 있다며 놀라

위했다. 여기서 끝나지 않고 절약한 금액은 저축한다. 출소 후 종잣돈으로 사용할 수 있게 해준다.

　출소대상자들의 교육은 신용에 관해서 주로 다룬다. 출소 후 막연하게 두려워하는 교육생들이 많다. 특히 금융에 관해서 궁금해하며 질문을 많이 한다. 통장관리를 꼭 짚어주고 저축에 관한 내용을 상세히 교육한다. 채무로 힘들어하는 사람이 많아서 채무조정제도는 기본으로 알려준다. 재테크에도 관심이 많아서 보드를 이용해 간접 경험 해주고 있다. 보드게임은 한 달에 200만 원씩의 월급을 받으며 사 개월을 살아보는 게임인데 저축, 보험, 펀드, 기부, 소비 등 많은 경험을 할 수 있다. 실제 같은 간접 경험해 볼 수 있다. 반응이 너무 좋다. 돈 관리를 잘못해서 신용이 안 좋아지기도 하고, 다음 달 월급을 미리 받는 사태를 겪기도 한다. 교육을 마무리하고 나면 설문지에는 다양한 피드백이 올라온다. 돈 관리에 소중함을 알게 되었고 출소 후 잘살겠다는 후기들이다. 누군가에게 도움을 줄 수 있어서 뿌듯하다.

　'퀀텀 점프'란 기업들이 사업구조나 방식에 혁신을 통해서 단기간에 비약적으로 실적이 호전되는 경우를 말한다. 지금까지 공부한 것들이 모여 성장할 수 있는 기반이 되었다. 마음공부, 웰다잉교육, 놀이 체육 강의, 경제학과 진학. 이 모든 노력이 지금의 나를 만들었다. 나의 부족함을 채우려고 시작한 공부였는데 지금은 내 삶의 큰 부분을 차지하고 있다. 나는 바란다. 당신의 인생에도 '퀀텀 점프'의 기회가 오길.

작은 계획이 만든
놀라운 인생 변화

•

김선영

자기 계발을 통해 내 삶은 완전히 새롭게 변했다. 이전에는 단순히 하루를 보내며 평범한 생활을 했다면 지금은 내가 할 수 있는 일들을 찾는다. 아침에 일어나 남편이 출근하고 나면 집엔 나 혼자다. 무엇을 해야 할지 몰랐던 신혼 때는 거실에 쪼그리고 앉아 하염없이 울었다. 외롭고 슬펐다. 아는 이 없는 시골 생활은 감옥 같았기 때문에. 그러나 자기 계발을 시작한 이후로 나는 변화했다. 더 큰 비전과 목표를 품게 되었다. 지금은 다양한 강의로 보람 있는 삶을 살고 있다. 지금부터 내가 자기 계발 후 경험한 변화와 현재하고 있는 활동들에 관해 이야기해 보려 한다.

가장 먼저, 유치원과 도서관에서 유아들을 대상으로 영어 수업을 하고 있다. 대전에서는 영어 수업을 하는 유치원과 어린이집이 많았다. 처음 유아 영어 강사를 시작했을 때, 차가 없었다. 버스를 타고 수업을 다녀야 했다. 유아 영어 강사들은 대부분 커다란 교구 가방을 들고 아이 같은 옷을 입게 된다. 한번은 발레리나가 입을 것 같은 원피스를 입고 커다란 교구 가방을 양옆에 메고 집으로 올 때였다. 아파트 입구경비실을 지나는데 경비원이 나를 보고는 쫓아왔다. 내가 잡상인처럼 보였다고 했다. 한참을 웃었다. 그래서 차가 필요한가 보다. 차가 없었기에 집 근처의 작은 어린이집과 소규모유치원에 수업을 나갔다. 시간이 흘러 4년 차에 접어들었을 때 나에게 좋은 기회가 왔다. 내가 사는 아파트 단지 내 유치원에서 전임강사로 아이들을 가르치게 되었다. 집에서 5분 거리였다. 좋았다. 큰아이가 초등학교에 입학했기에 신경 쓸 것들이 많았다. 단지 내 유치원에서 일하는 건 큰 행운이었다. 시간과 차비가 절약되니 유치원 아이들에게 뭔가 해주고 싶었다. 남편을 통해 인쇄소를 알아보고 알파벳 노트를 제작해서 원아들에게 나눠 줬다. 전임강사로 일하면서 고정 수입이 생겼다. 방학에도 월급이 나왔다. 더 멋진 강사가 되기 위해 세미나 참석과 회사교육에 적극 참여했다. 아이들에게 영어를 가르치는 것은 단순히 언어를 전달하는 것이 아니다. 아이들에게 영어에 대한 흥미를 심어주는 일이다. 밝고 순수한 아이들과 함께 영어 동요를 부르고 간단한 문장을 배우며 소통하는 과정은 나에게도 큰 기쁨을 준다. 영어라는 도구를 통해 아이들에게 새로운 세상을 열어줄 수 있다는 사실이 나를 더욱 열정적으로 만들었다.

2012년 5월쯤의 일이다. 평소처럼 유치원에 출근하여 수업 준비를 하고 있는데, 원감 선생님께서 나를 찾았다. '무슨 일이지?' 걱정하며 원감님께 갔는데 졸업한 아이의 엄마로부터 전화가 왔었다고 했다. 내가 가르쳤던 원아들의 초등학교 방과 후 영어 레벨 테스트 결과가 아주 좋았다고. 그 일이 있고 한 달 후 졸업생 어머니로부터 전화가 왔다. "선생님, 우리 아이가 선생님과 영어 공부하고 싶어 해요. 혹시 과외도 하시나요?" 당황했다. 난 과외를 해본 적이 없다. 유치원 아이들과 영어 수업을 하면서 공부라고 생각하지 않았다. 놀이처럼 영어 수업을 했다. 파닉스도 놀이처럼 가르쳤다. 아이들은 그 수업이 좋았나 보다. 난 솔직하게 말했다. 과외를 해본 적이 없고, 할 생각도 없다고. 대신 다른 분을 소개했다. 그 전화는 나를 춤추게 했다. 자기 계발의 결과이기에 자신이 대견스러웠다. 그 후 더 적극적으로 자기 계발을 하게 되었다.

초등학교 저학년과 유아들을 대상으로 초등학교와 도서관에서 책 놀이 수업을 진행하고 있다. 책 놀이는 단순히 책을 읽는 것이 아니라, 아이들이 책 속 이야기를 통해 상상력을 키우고, 창의적인 활동을 하며 배우는 과정이다. 나는 그림동화 책을 읽고 다양한 독후활동을 통해 아이들이 이야기에 몰입할 수 있도록 돕는다. 아이들도 나도 이 시간을 즐긴다.

한 초등학교에 책 놀이 프로그램 수업을 진행했었다. 그 수업을 본 담임선생님이 마침 도서 담당 선생님이었다. 방학 때마다 열리는 독서 교육을 해달라는 제안을 받았다. 다른 학교에서도 이와 비슷한 일이 생겼다. 나중에는 서로 와달라는 전화를 받아 행복했다.

치매 어르신들이 계신 주간보호센터에서 노인인지 책 놀이 수업
도 진행하고 있다. 이곳에서는 어르신들의 기억력을 자극하고, 소통
의 기회를 늘리기 위해 다양한 활동을 기획한다. 책 속 이야기를 통
해 정서적 만족감을 드리고, 함께 노래를 부르며 건강체조를 함으로
써 어르신들에게 큰 즐거움을 선사한다. 이 활동은 어르신들의 인지
기능 향상에 도움을 줄 뿐 아니라, 그들에게 따뜻한 관심과 애정을
전하는 시간이기도 하다. 어르신들의 웃음과 즐거워하시는 모습은
나에게 행복을 가져다준다. 어르신들께 감사의 인사를 받을 때마다
이 일을 시작하길 잘했다는 생각이 든다. 이 수업을 위해 준비할 것
이 많지만, 나에게 만족감과 행복감 또한 크다.

복지관에서는 웃음 교실을 운영하고 있다. 이 수업은 아무나 들
을 수 있다. 복지관에 온 어르신들이 점심 식사 후 웃음 교실에 온다.
매주 다양한 주제로 수업을 준비한다. 웃음은 사람들에게 긍정적인
에너지를 줄 뿐만 아니라, 스트레스를 해소하고 건강 증진에 큰 역할
을 한다. 참여자들이 마음껏 웃고 힐링할 수 있는 시간이 되도록 최
선을 다한다. 나의 이야기에 웃음이 터질 때마다 강의장의 분위기가
밝아지고, 참여자들 간의 유대감이 깊어지는 것을 느낀다.
보건소에서 장애인을 대상으로 한 웃음 치료 수업도 중요한 부
분이다. 봄과 가을에 한 번씩 하고 있다. 이 시간만큼은 모든 걱정을
내려놓고 웃음과 함께한다. 내가 진행하는 프로그램은 단순히 웃는
시간을 제공하는 것을 넘어, 그들의 자존감을 회복하고 긍정적인 태

도를 키우는 데 초점을 맞춘다.

2024년 5월의 일이다. 다양한 연령대의 장애인이 웃음 치료 수업에 참여했다. 교실에서 만난 그분들 얼굴을 보며 어떻게 수업을 진행해야 할지 난감했다. 삶이 고단하고 힘든 표정이었다. 인사를 나누고 웃음치료 강의를 시작했다. 주위 집중을 위해 손뼉치기를 했다. 모두가 따라 하진 않았다. 기운이 빠졌다. 정신을 차리고 열정적으로 수업에 집중하자 시간이 지나면서 그분들이 웃기 시작했다. 강의가 끝나고 한 분이 나에게 다가왔다. "강사님, 처음으로 제가 많이 웃었습니다. 감사합니다."라며 감사 인사를 했다. 그 말을 듣고 강의장을 나가는 장애인들을 보니 모두 밝게 웃고 있었다. 행복했다.

이외에도 웰다잉, 양성평등, 노인 인권 등 다양한 강의를 하고 있다. 새로운 지식과 기술을 배우기 위해 끊임없이 노력하고 있다. 내가 얻은 성장과 경험은 사람들에게 긍정적인 영향을 미치고 있다. 자기계발을 통해 얻은 변화는 내 삶을 더욱 풍요롭게 만들었고, 앞으로도 나는 멈추지 않고 배움을 이어갈 것이다.

"동기부여는 당신을 시작하게 하고 습관은 당신을 계속 나아가게 한다(Motivation is what gets you started. Habit is what keeps you going)" 짐 론의 이 말처럼 나는 오늘도 내 삶의 새로운 장을 써 내려가고 있다.

변화의 씨앗은
뿌리 깊은 성장의 나무이다

•

김용화

도서관에서 시작한 작은 봉사가 내 인생의 터닝포인트였다.

교육 담당관의 도움으로 대전에 있는 한 도서관에서 그림책 읽어주는 봉사활동을 시작했다. 수업 첫날, 어린이집 아이들을 만났다. 대략 40여 명이 되었다. 도서관에 있는 이야기방에서 진행했다. 떨리기도 하고 한편으로 설레기도 했다. 아이들이 줄지어 바닥에 앉았다. 동요를 부르면서 아이들과 인사를 나누었다. 책 제목과 작가의 이름을 알려준 뒤에, 책을 천천히 읽어주었다. 책 내용에 따라 아이들 표정이 다양하게 변했다. 아이들은 궁금한 것이 생기면 비로비로 물어보곤 했다. 호기심 가득한 눈으로 수업을 듣는 아이들도 있었고, 자신의 경험을 이야기하는 아이들도 있었다.

책을 다 읽고 나면, 수업 시간에 질문했던 아이에게 답을 해주었다. 책에 나온 내용을 색종이로 만들기도 했다. 책을 싫어하던 아이들도 관심을 가졌고, 같이 온 어린이집 선생님들도 재미있었다는 말을 해주었다. 뭔가 새로 시작한다는 뿌듯함이 들었던 날이기도 하다.

이후 강의할 기회가 찾아왔다. 첫 시작은 시니어 강사 양성 과정이었다. 이 과정은 65세 이상 어르신들을 대상으로 진행하는 교육 과정이었다. 교육을 마치면, 다문화 가정에 찾아가 책을 읽어주는 일을 하게 될 분들이었다.

강의 내용은 그림책을 읽어주는 방법과 책을 활용한 놀이법이다. 우선 책 소개를 먼저 하도록 알려주었다. 책을 다 읽고 난 후, 책에 나왔던 내용을 주제 삼아 이야기 나누는 연습도 했다. 예를 들어, 사랑이라는 단어가 나왔다면 생각나는 사람을 떠올려 보거나, 사랑을 나누고 싶은 사람에 대해 말해 보는 방식이다. 활동 시간에는 그림 그리기나 종이접기 등을 하도록 알려드렸다. 그림책을 살 때, 나이에 맞게 선택할 수 있도록 방법도 전했다. 교육생들은 그림책의 다양한 효과를 알게 되었다며 만족해했다. 손자 손녀에게도 알려주면 유익하겠다는 말도 덧붙였다. 누군가에게 도움을 줄 수 있어서 감사한 마음이 들었다.

전래놀이나 레크리에이션 강사로도 활동 중이다. 주로 장애인 센터나 초등학교에 출강한다. 어르신들이 있는 주간보호센터에 가끔 가기도 한다.

장애인 센터에 갔던 일이 기억에 남는다. 대전 대덕구에 있는 곳이었다. 평생학습관 소개로 가게 되었다. 다양한 장애 유형을 가진 장애인이 있었다. 연령층도 20대에서 60대까지 다양했다. 30여 명 정도가 모였다. 교육장으로 들어서자 모두 궁금해하는 눈빛으로 쳐다보았다. 레크리에이션 강사라고 소개했다. 간단한 체조와 함께 강의를 시작했다. 참여하지 않는 장애인도 있었다. 가능한 칭찬을 많이 하면서 참여를 유도했다. 처음에는 머뭇거리던 대상자들도 점점 자신감을 되찾았다. 개인 활동을 많이 하는 대상자들에게 함께 할 수 있는 놀이를 많이 소개했다. 풍선을 하나씩 전달해서 큰 주머니에 모으는 놀이를 했다. 비석을 가지고 컬링놀이도 하면서 협동심을 키울 수 있게 만들었다. 놀이에 관심이 없었던 대상자들도 조금씩 참여하기 시작하는 모습을 보면서 보람을 느꼈다.

초등학생을 만나러 간 적도 있다. 교과서에 나와 있는 보드놀이도 진행했다. 주사위 놀이나 실뜨기 놀이 같은 활동을 주로 했다. 혼자 할 수 있는 실뜨기 놀이를 알려주었다. 거미에서 고양이 수염으로 변하는 방법도 있었다. 접시에서 왕관 모양으로 변하는 실뜨기도 있었다. 스토리텔링을 연결해서 만들기를 하면 아이들이 더 재미있게 잘 따라 한다. 모양을 잘 만드는 아이가 있는 반면에 모양을 못 만드는 아이들도 있다. 그런 아이들에게 천천히 설명하면서 다시 할 수 있도록 알려준다. 서로 도움 역할을 하며 자신감과 책임을 갖는다. 잘 따라 하지 못했던 아이들도 하나씩 만들어 가면서 성취감을 느꼈다. 활짝 웃는 모습을 보면 나 역시 기분이 좋아진다.

성폭력 관련 강의도 꾸준히 하고 있다. 한남대학교 평생교육원에서 성폭력 상담원 과정을 마치고 활동하게 되었다. 첫 강의는 남자 중학교에서 시작했다. 장난처럼 하는 행동이 누군가에게는 성폭력이 될 수 있다는 것을 주로 알려주었다. 체육복을 입었을 때 친구의 바지를 내린다든지, 내가 덥다고 상의를 마음대로 벗는 행위들이 모두 포함된다. 상처가 되는 줄 몰랐다고 말하는 친구도 있었고, 앞으로 주의하겠다고 말하는 친구도 있었다. 상대방의 동의가 가장 중요하다는 것을 한 번 더 강조한다.

여자 고등학교에 갔던 적도 있다. 남자친구를 만났을 때 생길 수 있는 일들에 대해 알려주었다. 특히 교제 폭력에 관한 이야기들을 나누었다. 신체적인 접촉을 원하지 않는데 상대가 요구하면, 어떻게 해야 하는지 질문해 오기도 했다. 그럴 때는 '성적자기결정권'은 자신에게 있다며 단호하게 말할 필요가 있다고 했다. 혹시라도 폭력이 발생하면, 주변에 알리는 것이 가장 중요하다고 전했다. 부모님에게 말하기가 여의치 않을 때는 선생님에게 요청하거나, 청소년 상담센터에 문의하면 된다고 알려주기도 했다.

응급처치 강사 활동도 하고 있다. 복지관에 근무하는 사회복지사들과 노인 일자리에 근무하는 어르신 대상으로 교육을 진행했었다. 응급처치 중에서도 심폐소생술에 관해 집중적으로 교육했다. 심정지가 오게 되면 골든타임 4분 안에 심장을 다시 뛸 수 있게 하는 방법을 알려준다. 영상을 먼저 보고, 실습하는 순서로 진행했다. 실습을 위해서는 '애니'라는 사람모형이 필요하다. 처음에는 지인의 교육원에서 빌려서 애니를 사용했다. 나중에는 개인적으로 구매해 강의에 활용하고 있다.

실습을 처음 해보는 대상자가 많았다. 정확한 위치와 압박의 정도를 연습하도록 유도했다. 생각보다 많은 힘이 들어간다는 것을 알게 되었다고 했다. 심폐소생술 하면서 팔꿈치가 계속 구부려진다고 말하는 사람도 있었다. 압박 지점이 달라져서 어렵다고 말하는 대상자도 있었다. 연습을 몇 번 하고 나서야, 이런 일이 생기면 잘할 수 있겠다는 이야기를 했다. 더는 당황하지 않고 침착하게 대응할 수 있을 것 같다는 말도 들었다. 그 외 다양한 분야에서 강의 활동을 이어가고 있다.

나폴레옹 힐은 이렇게 말했다. "당신이 꿈꾸는 대로 씨앗을 심어라. 그 결과는 당신의 손에 달려 있다" 이 말은 내가 변화를 시작할 수 있도록 해준 중요한 교훈이었다.

21년 전, 평범하고 반복적인 일상으로 지루함과 무기력에 빠져 있었다. 만약 그때 내가 변하지 않고 과거에 머물렀다면 지금 나는 어떤 모습일까. 가끔 과거의 나와 현재의 나를 비교해 보면 얼마나 달라졌는지 실감하고는 한다. 꾸준히 씨앗을 심어온 덕분에, 오늘도 꽃을 피우고 열매를 맺어가고 있다.

어제보다 나은 나를 위하여

세상을 향해서

•

김진주

자기 계발하는 이유는 지금보다 발전하는 내가 되기 위해서이다. 스스로 발전해 나간다면 지금보다 더 나은 삶을 살 수 있다. 자기 계발을 하고 난 뒤 주변 사람들에게 들었던 말이 있다. 일하면서 굳이 그렇게까지 열심히 살 필요가 있는가 하는 말이었다. 하지만 내 생각은 달랐다. 무슨 일이든 꾸준히 준비한 것들이 나중에는 쓰임이 있을 거라고 생각했다. 지금 내가 하는 일들은 그때의 준비가 있었기에 가능한 일이다.

고등학교 다닐 때 있었던 일이다. 학교에서 자격증 조사를 했었다. 공부도 잘못하고 수업 시간에 잠만 자니 반 친구들은 나를 공부하지 않는 아이로만 여겼다. 고1 때 이미 6개의 자격증을 가지고 있었다. 아래한글, 엑세스, 파워포인트, 엑셀, 한자, 태권도 자격증을 써서 제출했다. 친구들이 제출한 종이를 보더니 믿을 수 없다는 눈빛과 표정으로 나를 쳐다봤다. 친구들 표정을 보니 다른 사람들은 예상하지 못했던 나만의 능력이 있는 거 같아 뿌듯했다. 그 뒤로 자격증 공부를 더 열심히 했다. 취직 준비를 할 때는 이력서 자격증란에 한 줄 더 채울 수 있는 게 컸다. 좋은 학교를 나온 것도 아니고, 공부도 잘하지 못하고, 교내 활동도 거의 없었다. 이력서 쓸 때마다 자신감이 떨어졌다. 그나마 자격증란에 채울 것들이 있어서 도움이 되었다.

회사에 다닐 때도 유용했다. 고양이와 강아지 사료 쇼핑몰 회사에 입사한 적이 있다. 경리로 면접을 봤다. 심리상담 자격증이 있는 것을 보고 사람의 마음을 잘 헤아리겠다는 말을 들었다. 그 때문인지, 고객 민원 처리를 하는 업무도 맡게 되었다. 한 번은 택배 배송이 누락이 된 적이 있었다. 일주일을 기다려도 물건이 오지 않자, 고객한테서 전화가 왔다. 화가 많이 나 있는 상태였다. 한 시간 동안 통화를 하면서 고객의 불만을 들어주었다. 화가 점차 누그러졌다. 서비스를 조금 추가해서 상품을 보냈다. 나중에 그 불만 고객이 후기를 좋게 남겨줬던 적이 있다. 마음에 관한 자격증 공부가 이때도 도움이 되었다.

아이들을 키울 때도 자격증 공부했던 것들을 많이 쓰인다. 6살, 5살, 연년생 딸 두 명을 키우고 있다. 남편이 출장이 많아서 혼자 육아를 해야 할 때가 많다. 두 명을 키우는 일이 쉽지 않다. 그럴 때는 미술 심리 상담했던 것을 활용한다. 아이들을 앉혀 놓고 그림을 그리게 했다. 집을 그려보거나 사람을 그려보라고 하고, 아이들의 그림을 나름 분석해 본다. 첫째가 표정이 어두워 보일 때가 있었다. 어린이집도 가기 싫다고 떼를 썼다. 이유를 말하지 않아서 답답했다. 친구들이랑 어린이집에서 노는 장면을 그려보자고 했다. 마침 벽을 보고 앉아 있는 한 친구 그림이 보였다. 이 친구에 관해 물었다. 자기와 놀아주지 않는 친구라고 했다. 서운해하는 듯 보였다. 그 친구와 잘 지내는 방법에 대해 서로 이야기를 나누었다. 다행히 잘 해결되었는지, 하원 할 때 그 친구와 손을 잡고 걸어 나왔다. 미술 심리를 배우지 않았다면 모르고 넘어갔을 수도 있었던 일이었다.

친구들에게도 도움이 된다. 친구들은 고민이 생길 때마다 나를 자주 찾는 편이다. 간호사인 친구가 한 명 있다. 종합병원에서 3교대를 한다. 정신적으로나 육체적으로나 많이 지친다고 했다. 예민하다 보니, 사소한 일에도 많이 부딪히는 편이라고. 인수인계하는 과정에서 동료 간호사와 의견 충돌이 있었던 날, 전화가 왔다. 그날 있었던 일에 대해 하소연하듯 말했다. 상황을 공감해주니 격했던 감정이 많이 누그러졌다. 어떻게 하면 좋을지 모르겠다고 물었다. 따지듯 말하지 말고, 진솔한 마음을 나눠보라고 조언했다. 생각만큼 잘 소통하지 못했다며 다시 전화가 왔다. 1층에 병원카페가 있으니, 달콤한 것을 먹으면서 이야기해 보는 게 어떻겠냐고 다시 말했다. 그러면 서로 기분이 조금 나아지지 않겠냐고 하면서. 다음 날, 친구가 퇴근하면서 전화했다. 조각 케이크를 나눠 먹으면서, 그동안 쌓였던 감정을 이야기했다고 한다. 잘했다고 격려해 주었다. 심리상담 공부는 일상생활에서도 많이 적용할 수 있었다.

컴퓨터 관련 자격증을 딴 일은 회사 생활을 할 때 유용했다.

수산물 관련 법인 회사에 취직한 적 있다. 법인이라고 하면 일단 크고 체계가 잡힌 곳이라고 생각했었다. 첫날 출근해서 보니, 그 흔한 출근 대장이 하나 없었다. 출근 대장은 일용직으로 일하는 직원의 출퇴근을 체크하는 서류다. 당연히 있어야 할 법인 등록증도 없었다. 그때부터 필요한 서류를 하나씩 만들기 시작했다. 필요한 서류를 알아보기 위해 세무서에 전화도 하고, 인터넷을 통해 검색도 했다. 지인에게 물어보기도 하면서 하나씩 준비했다. 입사하고 한 달 동안, 기본 서류를 만드는 일에만 집중했다. 서류를 만들 때, 컴퓨터 관련 자격증을 많이 활용했다. 특히 엑셀이 그랬다. 주류 대장, 법인차량 관리장, 출퇴근 대장, 급여 대장, 연차관리 서류 등을 모두 엑셀로 꼼꼼하게 만들었다. 엑셀 자격증을 딴 덕분에 수월하게 일을 할 수 있었다. 엑셀을 배울 때는 함수나 도식 때문에 머리가 아팠는데, 실전에서는 가장 유용하게 쓰는 프로그램이었다.

지금 하는 일에도 자기 계발했던 경험들을 이용하고 있다.

북 큐레이터 일을 하고 있다. 내가 만나는 고객은 주로 미취학 아동을 키우는 엄마들이 많다. 육아할 때 힘든 점이니 책 육아할 때 고민을 이야기한다. 이때 독서지도사 공부를 했던 것이 많이 쓰인다. 특히 아이가 책에 흥미를 느낄 방법이라든가, 책을 읽어주는 방법 등에 대해서 알려 준다. 가령, 3세 정도의 유아라면 아이가 주로 있는 장소가 있다. 그때는 책 표지를 병풍처럼 세워놓고 아이가 눈으로 볼 수 있게 유도한다. 책으로 탑을 쌓거나 집을 만드는 놀이를 통해 책과 친해질 수 있도록 만든다. 밖으로 나갈 때는 자연에 관한 책을 가져가서 직접 곤충이나 식물을 보여주기도 한다. 책에 있던 개미가 놀이터 바닥에 보이면, 책을 더 자연스럽게 받아들이는 계기가 될 수 있다. 이렇게 다양한 방법으로 책과 친해질 수 있도록 한다.

북 큐레이터에게는 고객 관리도 중요하다. 고객의 기본정보를 엑셀에 모두 정리한다. 특히 고객과 있었던 특이사항을 입력해 놓는다. 일주일 정도 지나서, 알려줬던 팁을 잘 이용하고 있는지 체크한다. 엄마들은 그때그때 어떻게 적용하고 있는지 말해준다. 피드백까지 엑셀에 남겨둔다. 시간이 한 참 지나도, 기록했던 내용을 보면서 상담할 수 있어서 좋다. 고객은 멤버십 제도로 관리하고 있다. 멤버십이 끝나는 날짜를 지정해 놓으면, 재가입할 시기를 한눈에 볼 수 있어서 그 또한 도움이 된다.

알베르트 아인슈타인이 한 말이다. "배움은 죽을 때까지 계속되어야 한다. 멈추는 순간, 우리는 뒤처지기 시작한다" 나는 인생의 매 순간, 무언가를 배워왔다. 심리 공부도 했고, 엑셀이라든지 파워포인트 같은 컴퓨터 공부도 있었다. 독서지도사 분야도 꾸준히 배우고 있다. 그 모든 노력이 지금 살아가는 데 많은 원동력이 된다. 배움은 이미 내 삶의 일부가 되었다.

변화를 통해 성장하는 나

•

문숙정

삶은 끊임없이 변화하고, 그 변화 속에서 우리는 스스로를 재발견한다. 나 역시 힘든 시기를 자기 계발과 몰입을 통해 극복하며 점차 나 자신을 변화시킬 수 있었다. 그 결과, 강의 영역이 점차 넓어지고 새로운 가능성을 발견하게 되었다. 나는 지금 한층 더 성숙하고 다채로운 삶을 살아가고 있다.

대학원에서 경영학을 배우고, 취업역량 강화 강의를 시작했다. 초기에는 제한된 강의 범위 안에서 활동했지만, 많은 분의 추천으로 점차 대한상공회의소, 부산교육청, 울산교육청, 한국 폴리텍대학 등 다양한 기관과의 협업 기회를 얻게 되었다. 이 기관들에서 취업역량 강화 수업을 진행하며 많은 학생과 구직자들을 만나게 되었고, 그들에게 실질적인 도움을 줄 수 있었다.

이 과정에서 만난 다양한 사람들과의 인연은 또 다른 강의 기회를 열어주었다. 예를 들어, 한 강의에서 만난 담당자의 추천으로 새로운 교육 기관에서 강의를 진행하게 되었고, 학생들이 보낸 긍정적인 피드백은 나를 다시 초대하는 계기가 되었다. 예전에 다른 곳에서 도움을 주었던 강사님이 잊지 않고 다른 업체에도 소개해 주시기도 했다. 물론 나 역시 만난 분들을 잊지 않고 다른 곳에 소개하기도 했다. 이러한 선순환은 나에게 강의라는 일이 단순한 직업이 아니라 사람들과의 연결을 통해 새로운 가능성을 열어주는 일임을 깨닫게 했다.

강의를 통해 단순히 지식을 전달하는 것을 넘어, 상대방의 잠재력을 발견하고 그들이 자신감을 가질 수 있도록 돕는 역할을 할 수 있었다. 이러한 경험은 내가 가진 강점과 역량을 더 깊이 활용하게 해주었고, 나의 삶의 보람을 더욱 크게 느끼게 해주었다. 강의를 통해 만난 작가님의 도움으로 글을 쓸 용기를 얻게 된 경우도 있었다. 내가 몰랐던 부분을 발견하고 권하는 경우 최대한 받아들이고 시도해 보려고 한다. 남이 보는 내가 진짜 나의 모습일 수도 있기 때문이다.

교류 분석 심리상담을 배우러 가는 첫날이었다. 저녁 6시 30분에 시작을 하였는데 11월이라 어두운 시간이었다. 1시간 30분을 운전해서 다른 지역까지 가야 했다. 비가 많이 오고 어두워서 초행길 내내 짜증이 난 상태로 운전을 했다. 몇 년 전 겨울에 강의장에 가려고 새벽에 운전하다 앞차를 피하려다 블랙 아이스에서 돌면서 사고가 났었다. 그 일로 타던 차는 폐차를 했다. 그 기억이 생생한 나는 비오는 날 겨울에 운전하는 것이 너무 싫었다. 가는 길이 너무 어두워 천천히 거북이처럼 가다 보니 첫 수업에 늦게 도착했다. 왜 이렇게 늦은 시간에 수업하느냐며 화를 내면서 수업을 받았던 기억이 있다. 오후 6시 30분부터 오후 10시 30분까지 수업을 듣고 운전을 해서 다시 집까지 가야 한다고 생각하니 성질이 너무 났다. 처음 보는 사람들이 가득한 곳에서 지각하고도 짜증을 냈으니 얼마나 웃긴 모습이었을지 상상이 된다. 그 후로도 여러 번 배우러 가는 길은 반성하는 시간이었다. 배우는 과정은 길었고 학회에, 과제에 많은 시간을 교류 분석 공부에 담았다. 단순하고 스트레스가 많았던 나는 교류 분석을 배우면서 조금씩 변한 것 같다. 교류 분석은 사람의 심리적 패턴과 행동을 분석하고, 이를 바탕으로보다 건강한 관계를 형성할 수 있도록 돕는 심리학의 한 분야이다. 이를 배우면서 나는 자신을 돌아보고, 나의 행동과 감정을 더 깊이 이해하게 되었다. 더 나아가, 강의와 교류 분석을 결합하여 심리적 안정과 성장을 지원하는 교육 프로그램을 개발하고 싶다는 꿈이 생겼다. 지금까지의 강의는 주로 실질적인 취업역량 강화에 초점을 맞췄지만, 앞으로는 심리적 안정과 자기 이해를 돕는 강의로 확장하고자 한다. 이를 통해 학생들에게는 학업을 할 때 도움이 될 것이고 성인들에게는 더 깊은 차원의 도움을 줄 수 있을 것이라 기대하고 있다. 제일 먼저 두 아들 검사를 하고 나서 아들을 이해하는 공간이 더 커졌다.

교류 분석을 배우는 과정에서 나는 또 한 번 배움의 힘을 실감한다. 새로운 지식을 습득하고 이를 실천에 옮기는 과정을 통해, 지금까지와는 다른 미래를 꿈꾸게 되었다. 이 꿈은 또 다른 도전의 기회를 제공하며, 삶에 새로운 활력을 불어넣고 있다. 아직은 좀 더 공부해야 한다. 관련 서적도 찾아보고 검사지 해석을 더 정확하게 하려고

어제보다 나은 나를 위하여

노력하고 있다. 내가 경험한 교류 분석은 나를 알아가는 길이다. 나를 돌아보니 사람들과의 관계에서 욱하고 화가 올라오는 이유도 알게 되었다. 나의 성격에 대해서도 많은 부분 이해가 되었다. 화가 올라오는 순간에는 이런 상황에 '스트레스를 받는구나' 생각하며 조금씩 마음을 조절하는 방법을 터득하는 것 같다.

돌이켜 보면, 나의 인생의 큰 변화들은 힘든 시기를 성장의 발판으로 삼으려는 노력에서 비롯되었다. 고민과 걱정 속에서 머무르기보다는, 배움과 몰입을 통해 스스로를 변화시키고자 했던 의지 덕분에 지금의 내가 있을 수 있다. 강의라는 일은 나에게 사람들과 소통하고 그들의 성장을 돕는 기쁨을 주었다. 교류 분석이라는 새로운 분야는 나 자신을 돌아보며 더 나은 미래를 꿈꿀 수 있는 기회를 제공했다. 이러한 경험들은 내게 단순히 일과 학습의 의미를 넘어, 삶 자체의 가치를 더욱 깊이 느끼게 해주었다. 그 안에서 속상함도 있었고 친했던 강사들에게서 받는 실망감과 배신감도 함께하긴 했다. 사람에 대한 기대는 아직도 조절되지 않는 나의 단점이라는 걸 느끼고 살고 있다. 하지만 그것 또한 나를 발전시키는 한 부분으로 인정하고 있다. 욱하며 화가 올라오는 버튼이 내 몸 어딘가에 존재하는 것 같다. 마음 버튼을 잘 조절하고 싶다. 배움을 남에게 전하기 전에 나의 것으로 만들기 위해 노력해야 한다. 자신의 감정도 조절을 못 하면서 다른 이에게 어떻게 도움이 될 수 있을까 하는 생각에 좀 더 노력하려고 한다. 다양한 강의와 감정들을 통해 완전하지 않음을 인정하고 더 배우고 더 익히고 매일 조금씩 성장하는 사람이 될 수 있을 것이다.

앞으로도 나는 변화와 배움의 과정을 멈추지 않을 것이다. 그것을 통해 새로운 기회를 만들어 왔다. 우리는 주체성을 가지고 행복한 삶을 만들어가는 각자의 방법을 찾아야 한다.

도전과 성장,
삶이 선물한 새로운 나

•

손수연

자기 계발을 통해 가장 크게 달라진 점은 자신감과 주도성이다. 예전에는 새로운 일을 시작하기 전 두려움이 앞섰지만, 이제는 도전 자체를 즐길 수 있게 되었다. '무엇이든 할 수 있다'라는 긍정적인 마음가짐이 생기면서 삶을 대하는 태도가 크게 달라졌다. 어려움이 닥쳐도 극복할 수 있다는 믿음이 생겼고, 이런 긍정적인 에너지는 자연스럽게 주변 사람들에게도 전해졌다. 이제는 망설임보다 행동이 앞서고, 실패를 두려워하기보다는 새로운 기회를 만들어가는 것이 더 중요하다는 것을 깨달았다.

강의와 컨설팅을 할 때마다 긍정적인 에너지가 넘친다는 말을 자주 듣는다. 해양경찰교육원 직무훈련센터에서 강의를 할 때도 그랬다. 한 경위님은 "손수연 강사님은 강의하러 오실 때마다 표정이 밝고 걸음걸이가 당당해서 보는 사람까지 기운이 납니다"라고 말했다. 내가 "혹시 걸음걸이가 너무 터프한가요?"라고 농담을 던지자, 경위님은

"아닙니다. 오히려 생기가 넘쳐서 보는 사람도 힘이 나요"라고 했다. 이런 이야기를 들을 때마다 나의 태도 하나가 다른 사람들에게 긍정적인 영향을 줄 수 있다는 사실에 감사하다.

컨설팅 다닐 때 만나는 대표님들도 비슷한 말을 주로 한다. "컨설턴트님은 늘 긍정적인 에너지가 넘쳐요." 가족이나 지인들도 "수연아, 넌 항상 밝고 긍정적이야. 일하는 모습에서 부정적인 기운이 전혀 느껴지지 않아"라고 말한다. 이런 말을 들을 수 있는 것은 내가 평소에 감사하는 마음을 갖고 긍정적인 생각을 유지하려고 노력한 덕분이다.

작은 일에도 감사함을 느끼고, 사람들에게 긍정과 따뜻한 마음을 표현하는 습관이 결국 나를 변화시킨 것이다. 이런 태도 덕분에 강의와 컨설팅에서도 꾸준히 성장할 수 있었고, 더 많은 사람에게 좋은 영향을 줄 수 있었다.

자기 계발을 통해 얻은 또 다른 변화는 성과와 수입이다. 긍정적인 마음과 열정을 가지고 꾸준히 노력하다 보니 자연스럽게 좋은 결과가 따라왔다. 강의와 컨설팅을 처음 시작했을 때는 성과기 미미했다. 지속적인 자기 계발과 성실한 태도가 쌓이면서 점점 더 큰 성과를 이루게 되었다. 특히, 강의와 컨설팅을 병행하면서 경험이 쌓여갔다. 점차 신뢰를 얻었고, 의뢰가 꾸준히 증가했다.

그 결과, 초창기와 비교했을 때 수입이 3배 이상 늘어났다. 하지만 단순히 금전적인 보상뿐만이 아니라, 그 과정에서 더 많은 사람에게 도움이 된다는 사실이 나에게는 더욱 큰 의미로 다가왔다. 내가 쌓아온 경험과 지식을 바탕으로 누군가에게 긍정적인 영향을 줄 수 있다는 확신이 생겼고, 일에 대한 열정도 더욱 커졌다.

4년 차 소상공인시장진흥공단 컨설턴트로 활동하면서 전국 실적 1위를 차지했고, S등급이라는 최고 등급을 받으며 최우수 컨설턴트로 선정되었다. 2024년도 평가에서도 1위를 차지해 2025년에도 최고 등급을 유지하며 최우수 컨설턴트로 활동하고 있다. 이러한 성과는 꾸준한 자기 계발의 결과이며, 노력과 성장의 증거이기도 하다. 강의와 컨설팅에서 더 나은 결과를 내기 위해 자료 준비에 소홀하지 않았고, 필요한 부분을 적극적으로 학습하고 연구했다. 그 결과, 작은 변화들이 모여 더 큰 성과를 만들어냈다.

또한, 배움을 지속한 것도 중요한 변화 중 하나다. 전문학사, 학사, 석사 과정을 마쳤고, 이제 박사 과정까지 도전하게 되었다. 하지만 학위 취득만이 목표는 아니다. 나에게 학습은 단순히 졸업장을 위한 과정이 아니라, 더 깊이 있는 연구와 배움을 향한 즐거운 도전이다. 박사 과정에서는 경영기술컨설팅과 마케팅 연구에 더욱 집중하며, 사람들에게 실질적인 도움을 줄 수 있는 전문가로 성장하고자 한다.

꾸준히 자기 계발을 해온 덕분에 주변 사람들에게도 긍정적인 영향을 줄 수 있었다. 특히 해양경찰교육원에서 강의를 들었던 경위님과 경감님 두 분이 나의 권유로 대학 편입학을 준비했고 결국 합격했다. 입학원서 작성부터 학업 계획서 준비까지 함께하며 그들의 도전을 돕는 과정이 나에게도 뜻깊은 경험이 되었다. 합격 소식을 전해 들었을 때, 두 분은 "손수연 강사님 덕분"이라며 진심으로 감사 인사를 전했다. 이러한 경험을 통해 누군가의 인생에 긍정적인 변화를 주고 싶다는 다짐을 하게 되었다.

가족에게도 긍정적인 변화가 찾아왔다. 친언니는 나의 권유로 대학에 진학해 이제 3학년이 되었다. 처음 공부를 시작할 때 언니는 자신이 잘할 수 있을까 걱정했지만, 나는 곁에서 끊임없이 응원하며 도와주었다. 언니가 하나씩 배움을 쌓아가고, 자신의 꿈을 향해 나아가는 모습을 보며 나 역시 큰 보람을 느꼈다. 배우는 즐거움을 알게 된 언니는 노인 복지에 관한 새로운 목표를 세우고 적극적으로 도전하고 있다.

특히 시어머니도 내가 도전하는 모습을 보고 용기를 냈다. 어머니는 젊은 시절, 여러 이유로 학업을 마치지 못했지만, 배움의 꿈을 놓지 않았다. 결국, 75세의 나이에 중학교에 입학했고, 지금은 2학년 과정을 즐겁게 다니고 있다. 어머니는 "중학교 졸업 후 고등학교도 다니고 싶고, 나중에는 대학까지 가보고 싶다"라고 말했다. 꿈을 향해 나아가는 어머니의 모습은 우리 가족 모두에게 감동을 주었다. 나는 어머니가 끝까지 목표를 이룰 수 있도록 적극적으로 지원할 생각이다. 학업에 대한 열정은 나이와 상관없이 누구에게나 의미 있는 도전임을 어머니를 통해 다시금 깨닫게 되었다.

무엇보다 나를 가장 달라지게 한 사람이 있다. 바로 남편이다. 남편은 석사와 박사 과정을 마치며 끊임없이 배우고 성장하는 모습을 보여주었고, 그의 도전 정신은 나에게도 큰 동기부여가 되었다. 나 역시 남편의 응원과 격려 속에서 박사 과정에 도전할 수 있었고, 지금까지도 우리는 서로에게 힘이 되는 존재로 함께 성장하고 있다. 배우자는 가장 가까운 멘토이자 인생의 동반자라는 말을 실감하며, 앞으로도 함께 도전하고 발전해 나가기를 기대한다.

여행업을 23년 정도 했다. 온라인으로 변화하는 여행 트렌드 때문에 입지가 점점 좁아졌다. 결국, 고민 끝에 여행업을 그만두었다. 이즈음부터 강의 일을 병행했다. 하지만 처음부터 순탄하지는 않았다. 강의도 많지 않았던 데다가 코로나 때문에 더 힘들어졌다. 할 수 있는 게 없어서 막막했다. 언제 끝날지 모르는 팬데믹에 두려움도 생겼다. 무기력한 삶을 살다가, 다시 정신을 가다듬었다. 강의에 도움이 될 수 있는 공부를 본격적으로 시작했다. 노력한 결과 지금은 매일 찾아주는 곳이 있어서 바쁜 일상을 살아가고 있다. 경제적으로도 기대했던 것보다 훨씬 많은 수입을 올리고 있다.

변화는 한순간에 이루어지지 않는다. 처음에는 속도가 느려 보일 수도 있지만, 꾸준히 나아가다 보면 언젠가 달라진 내 모습을 발견하게 될 것이다. 중요한 것은 시작하는 용기와 멈추지 않는 태도이다. 내가 그랬던 것처럼.

어른 의미

•

원미란

    대학교 졸업하고 무작정 서울에 올라가 생명보험 회사에 취직했을 때를 떠올려 본다. 현장의 고객들은 호락호락하지 않았다. 전화로 상담할 때면 경상도 사투리가 연변말처럼 들리기도 하는지 보이스피싱으로 의심받기도 했다. 다행히 대학교 4년 동안 주말마다 다녔던 경마공원 아르바이트가 큰 도움이 되었다. 당시 경마공원의 다양한 고객들을 응대하며 조리 있게 말하는 법, 상황에 맞게 대처하는 법, 쉽게 상처받지 않는 정신력 등 여러 가지 역량을 키웠기 때문이다. 지인 한 명 없는 서울에서 맨땅에 헤딩하며 최대한 정직하게 고객들을 만났다. 외롭게 전진 중이었다. 내가 할 수 있는 일은 진심을 담는 것이었다. 보험 유지 중인 고객들을 만나 가입 중인 보험에 대해 세세하게 알려주었다. 청구하지 않은 보험금이 있다면 찾아주기도 했다. 여유가 되는 날에는 전체적인 자산관리 상담으로 조금씩 이어갔다. 경제적 리스크가 높은 것은 어떤 것들인지, 저축은 어떻게 단계적으로 하는 것이 유리한지, 통장 관리는 어떻게 하는 것이 효과적인지 알려주며 전반적인 재무 상담을 도왔다.

고객들의 반응이 조금씩 달라졌다. 내 말에 귀를 기울이고 질문을 했다. 그때부터 보험이 왜 필요한지, 본인에게 맞는 보험은 어떤 것인지 조금씩 알릴 수 있게 되었다. 상품의 장점뿐 아니라 단점까지도 설명하며 합리적인 가입을 도왔다. 어리다는 이유로 나를 무시했던 고객들도 금융전문가로 인정해 주기 시작했다. 걸림돌이라 생각했던 사투리는 내 트레이드 마크가 되었다. 수입은 시간과 비례해 올라가기 시작했다. 빙판길이 조금씩 녹으며 따뜻한 봄이 찾아왔다. 발걸음도 서서히 빨라지기 시작했다.

2년 후 고향인 경상남도 창원으로 내려왔다. 일에는 어느 정도 탄력이 붙어있었고 자신감도 생겨 있었다. 재밌게 일하는 것도 잠시, 결혼을 하고 두 아이를 낳게 되자 육아에 전념할 수밖에 없었다. 일을 쉬는 동안에도 나를 믿고 가입해 준 고객들이 자꾸 떠 올랐다. 믿고 맡겨준 사람들에게 미안한 마음이 점점 커졌다. 둘째 아이를 어린이집에 보낼 즈음, 복직을 결정했다. 처음부터 차근차근 시작했다. 서울에서의 경험, 창원으로 내려와 일했던 경험, 결혼과 출산의 경험 등을 고객상담에 접목할 수 있었다. 잠시 일을 멈추기도 했지만 내 적성에 맞는 일이라 끈을 놓지 않았다. 한 방향만 보고 매진했다. 정직과 성실이라는 기준을 세우고 꾸준히 나아갔다.

일을 시작하고 얼마 되지 않았을 때, 한 고객을 만났다. 회사에서 지정해 준 사람이었다. 계속 소통하다 보니 조금씩 친해지게 되었다. 그녀는 월급을 어떻게 관리하면 좋을지 고민하고 있었다. 목돈마 련을 위해 장기저축을 제안했다. 한꺼번에 많은 돈을 넣기보다, 분산 해서 저축할 수 있도록 상담했다. 4년 정도 저축하고 난 후, 갑자기 해약한다고 연락이 왔다. 손해가 발생할 수 있어서 우선 말렸다. 그 때 가입하지 않았으면 저축을 하나도 하지 못했을 거라며 오히려 고 마워했다. 분산해서 저축한 덕분에, 하나는 급한 일에 사용하고 나머 지는 아직도 유지하고 있다. 고객은 손해보다는 저축하는 습관을 만 들어 준 것이 더 감사하다고 말했다.

하루는, 회사 사무실로 전화가 걸려 왔다. 무엇이 불만인지 대뜸 욕부터 시작했다. 아무도 고객 응대를 하지 않으려고 했다. 할 수 없 이 내가 만나러 가게 되었다. 약간 긴장되기는 했다. 고객 집 근처에 있는 작은 카페에서 만났다. 50대 후반으로 보이는 남자 고객이었다. 여전히 감정이 격해져 있었다. 카페에 앉아 무엇이 불만인지부터 천 천히 들어줬다. 담당 설계사와 소통이 원활하지 않았던 부분에서 감 정이 상한듯했다. 진심으로 들어주니 고객도 조금씩 진정이 되기 시 작했다. 보험금 청구 부분을 원활하게 도와주었다. 그 이후로 몇 번 을 더 연락했다. 처음과 달리 호의적으로 변한 모습으로 나를 대해주 고 있다. 결국, 필요한 보장을 더 보충하면서 완전한 나의 고객이 되 었다. 지금도 많은 고객을 만나면서 일에 초심을 잃지 않으려고 노력 하고 있다.

나를 보고 입사한 친구 2명이 있었다. 일하는 부분에 도움을 주고 싶어서 팀을 꾸리게 되었다. 일에 관한 가이드라인을 잡아주기도 하고, 현장에 함께 나가서 상담하는 모습을 보여주기도 했다. 일주일에 한 번씩 회의도 하면서 더 나은 방향을 의논하기도 했다. 그러다 보니, 팀원이 점점 늘어났다. 3명으로 시작한 팀이 16명이 되었다.

팀장은 팀원들이 실적이 좋아질 수 있도록 돕는 역할을 한다. 이 과정에서 예민한 마찰이 발생하기도 했다. 도와주려고 했던 말을 오해한 적도 있었다. 일이 맞지 않아 중간에 그만두는 사람도 있었다. 팀원들이 힘들어할 때마다 같이 고민하면서 들어주었다. 어떻게 극복하면 좋을지 여러 가지 방법을 이야기해 주고 있다. 상담을 해 보면, 각자 나름 마땅한 이유가 있다는 걸 알게 된다. 상대방의 입장을 조금 더 이해하게 되었다. 무엇보다 예전보다 리더십을 키울 수 있었다. 혼자 하는 것도 의미가 있지만, 함께 성장하는 것이 더 행복한 일이라는 것도 깨달았다.

팀워크를 키우기 위해 노력한 것들이 있다. 바닷가에 있는 단독 펜션을 빌려 워크숍을 했다. 1박 2일 함께 생활하다 보니, 좀 더 친밀한 관계가 될 수 있었다. 무엇보다 경조사 일을 챙기는 것에 신경을 썼다. 결혼기념일, 생일, 자녀 입학이나 졸업 등을 챙겼다. 그리고 표현을 많이 하려고 애썼다. 조그마한 성과에도 칭찬하고 격려했더니 팀원들이 표정도 밝아졌다. 이런 여러 가지 노력이 모여 팀이 점점 단단한 조직으로 성장할 수 있었다.

고객들을 잘 관리하였더니 우수 인증설계사라는 명함을 갖게 되었다. 팀에서는 리더로서 팀원들의 세일즈를 돕고 관리한다. 설계사에게 전문성과 고소득의 상징인 MDRT(Million Dollar Round Table) 회원으로도 활동하고 있다. 점점 사회적으로 자리 잡아가고 있었다. 쌓여가는 고객들의 신뢰는 나의 경제적인 부분도 나아지게 했다. 수입은 연차와 함께 목표 이상으로 올라가 안정적인 월급이 되었다. 은퇴 이후 초고령화 사회에서도 받을 수 있는 연금을 차근히 준비하고 있다. 늘 반복되는 일상에서 생각이 커지고 마음이 풍부해지고 있다는 게 참 감사하다. 꾸준한 자기 계발이 없었다면 나는 지금 어떤 삶을 살고 있을까 떠올려 본다.

평일에 일과 운동으로 타이트하게 에너지를 다 쓰고 나면 주말이 된다. 주말은 가능하면 아이들과 시간을 보내려 노력한다. 바쁜 일상에 활력소를 찾은 것이 가족여행이다. 늘 내 편에서 응원해 주는 가족과의 여행은 재충전할 수 있는 시간이다. 기차를 타고 무작정 맛집을 찾아간다던가, 특산품을 사서 주변에 선물하기도 하고, 날씨가 좋은 날에는 캠핑을 떠나기도 한다. 일상으로 돌아왔을 때 많은 도움이 되고 있다.

나의 편안한 마음과 밝은 에너지는 가족으로부터 받기도 하고 내가 주기도 한다. 이런 과정들을 통해 자존감이 조금씩 높아지고 있다. 나는 사랑스럽고 가치 있는 사람이다. 예전에는 표현을 잘하지 못했다. 지금은 싫은 건 정확히 표현하고 좋은 건 좋다고 상대에게 말하는 내 모습을 발견한다.

김혜남 작가님의 〈만일 내가 인생을 다시 산다면〉에 이런 말이 나온다. '어른이 된다는 것은 책임져야 하는 현실의 짐들을 등에 짊어지는 것이다. 현실 안에서 원하는 것을 얻을 수 있는 지혜와 기술을 익히는 일이다' 인생을 단순하게 봤던 어린 시절에서 벗어나 좀 더 폭넓게 바라본다면, 지금보다 몸과 마음이 더 단단해져 있을 것으로 생각한다. 이렇게 나는 한걸음 씩 어른이 되어간다.

나는 아직도 하고 싶은 일이 많아, 도전을 꿈꾼다

•

유연옥

"유연옥 강사님, 안녕하세요. 블로그 보고 연락드립니다. 우리 학교 학생들 생명존중게이트키퍼교육 3회차 의뢰합니다."

강사로서 가장 행복한 순간이다. 블로그를 통해 강의가 들어올 때, 그동안의 노력이 결실을 맺는 것 같아 보람을 느낀다. 협회 강사들과 함께 모닝 루틴 블로그 모임, 독서 모임에 참여하며 자기 계발을 꾸준히 실천하고 있다. 때로는 출강과 자료 준비로 지쳐 일어나기 힘들 때도 있지만, 더 나은 내일을 위해 노력한다. 올해는 더 자주 블로그 포스팅을 하며 배움을 나누고 싶다.

남편의 "연옥 씨는 공부하는 걸 좋아하니까 한번 시작해 봐"라는 한마디가 나의 새로운 도전의 시작이었다. 서른여덟에 대학에 입학하며 '10년만 공부하면 내 삶이 달라질까?'라는 막연한 기대를 품었다. 법학, 청소년교육학을 공부하고 대학원을 졸업하기까지 9년이 걸렸다. 배움이 쌓일수록 더 많은 꿈이 생겼다. 2010년 청소년지도사가 되어 대안학교에 취업했고, 학생들이 '선생님'이라고 불러줄 때 비로소 제자리를 찾은 것 같았다. 이후 흡연예방교육, 학교폭력예방교육, 자살예방교육 강사로 활동하고 있다. 또한, 법정의무교육, 자활센터, 노인일자리교육, 인권교육 등 전국으로 출강하고 있다.

금연 캠페인 자원봉사로 시작해 흡연 예방 교육 강사가 되었다. 이 교육은 단순한 정보 전달이 아니라 사람을 살리는 일이라 생각한다. 학습자의 건강한 미래를 위해 강의료나 거리를 계산하지 않고 출강한다. 어린이집에서 유아 대상 흡연 예방 교육을 진행할 때, 한 아이가 울먹이며 말했다. "담배 연기는 나빠요. 숨도 못 쉬게 해요. 그런데 우리 아빠는 담배를 피워요" 아이의 눈에 맺힌 눈물을 보며 교육의 중요성을 다시 한번 깨달았다. 거리에서 담배 연기를 맡으면 기침을 심하게 하는 나는, 흡연자에게 담배 연기를 맡지 않을 권리가 있다고 말하기도 한다. 어떤 이는 인상을 쓰고 지나가지만, 어떤 이는 미안하다며 담뱃불을 끄기도 한다. 아이를 동반한 부모에게는 더욱 정중히 부탁한다. 큰아이는 혹시 폭력을 당할까 걱정하지만, 나는 거리 금연 지도 또한 교육자의 역할이라 생각한다.

꿈에 그리던 선생님이 되었다.

2010년 1월 충남교육청 Wee 스쿨에 청소년지도사로 입사했다. 대부분 중학교 생활 부적응 학생들이었다. 입학식 날 선생님들께 폭언하는 아이들 때문에 당황했다, 처다봤다고 싸우는 아이들로 학교는 전쟁터 수준이었다. 학생 다섯 명에 교사 1명이 배정되었다. 학생들로부터 눈을 뗄 수 없었다. "왜 자신에게 잘해주냐, 이유가 뭐냐"고 따지듯 말하는 아이들도 이었다.

지성이면 감천이라고 아이들의 눈빛이 온순해졌다. 손을 잡고 식당으로 이동하는 아이들도 생겼다. 함께 밥을 먹고 함께 잠을 자면서 아이들은 변해갔다. 관심받는 것을 낯설어했던 아이들이 눈도 맞추고 웃어준다. 묻지 않아도 다가와 자기 이야기를 들려준다. 힘들어할 때 손잡아 주고 말없이 기다려준 시간이 아이들에겐 힘이 되었던 것 같다. 초점 없던 눈빛, 화가 가득했던 눈빛이 온순해지고 평온해졌다.

진심은 통한다고 2024년에 우리 반 반장이었던 학생이 결혼 소식을 전해왔다. 사진에 제복을 입은 부부와 건강한 아이가 함께 있었다. 나라를 지키는 직업군인이라고 한다. 반가움에 기쁨의 눈물이 흘렀다. 친구들과 관계가 어려웠던 아이가 의젓한 군인이 되었다니 감개무량하기만 하다. 이렇듯 아이들은 믿어주는 대로 자란다. 제자들의 소식이 들릴 때마다 감사한 마음이 든다.

자활센터에서 직장 내 성희롱 예방 교육가 직장 내 괴롭힘 예방 교육을 진행했다. 취업이 절실한 게이트웨이 대상자들에게 교육에 참석한 것만으로도 변화가 시작된 것이라며 격려했다. 상대방을 배려하지 않는 말과 행동이 누군가에게 상처가 될 수 있다는 점을 강조했다. 내가 소중한 만큼 타인도 소중하다. 서로를 존중하는 태도가 직장 내 괴롭힘을 예방하는 첫걸음이다.

어제보다 나은 나를 위하여

과거 상담센터에서 근무할 때 선임의 괴롭힘을 경험했다. 3교대 야간 근무 중 선임은 전화도 받지 않았고, 나는 20여 건의 상담을 혼자 처리해야 했다. 상담 내용을 정리하느라 퇴근이 늦어졌고, 어느 날은 36시간이 지나서야 귀가했다. 그때의 경험이 있기에, 나의 말과 행동이 누군가를 힘들게 하지 않도록 늘 스스로 점검한다.

지난해 가을, 파주 노인복지관에서 어르신 대상 강의를 진행했다. 작은 강의실에서 20여 명의 어르신과 함께했다. 강의 중 긍정 단어를 자신에게 건네는 이벤트를 했고, 어르신들의 환한 미소를 사진으로 남겼다. 강의가 끝난 후, 한 어르신이 내 손을 덥석 잡으며 눈물을 흘렸다. "13년 전 남편이 세상을 떠난 후, 아들이 돈 되는 건 다 가져가고 한 번도 찾아오지 않았어요. 그런데 좋은 말도 해주고 예쁜 사진도 찍어줘서 고맙습니다" 그분의 눈물을 잊을 수 없다. 올해도 건강하게 일자리 사업에 참여하길 바란다.

신사복지관에서 노인인권교육 8회를 진행했다. 어르신들에게 가족과 사회를 위해 헌신한 삶에 감사드린다고 인사했다. 자식들에게 원하는 것을 당당히 요구하자는 숙제를 냈다. 추석이 지나고 만난 어르신들은 밝은 표정으로 "백화점에서 화장품을 사 왔어요!", "한우 등심을 사 왔더라고요!", "용돈을 신권으로 챙겨줬어요!"라며 기뻐했다. 이제 자식에게 당당히 요구해도 된다고 했다. 부모님을 존중하는 것이 곧 노인을 존중하는 사회를 만드는 길이다.

엄마는 8년간 병원과 요양원에서 누워 있었다. 돌아가신 후 유품을 정리하며, 상표가 붙은 채 서랍에 있던 옷들을 보며 가슴이 아팠다. 원하는 것을 사드리지 못한 것이 한이 되었다. 그래서 어르신 대상 교육에서 이 이야기를 전한다. 나처럼 후회하는 자식들이 생기지 않기를 바라는 마음에서다.

2024년, 그동안의 노력이 결실을 맺는 한 해였다. 첫 번째 결실은 한국장애인고용공단 직장 내 장애인 인식 개선 교육 등록 강사가 된 것, 두 번째는 행정안전부 신변 안전 및 자살 예방 전문 강사, 세 번째는 한국양성평등교육진흥원 양성평등 교육 강사가 된 것이다.

자원봉사 활동도 확장했다. 충남광역정신건강복지센터 독거노인 자살 멘토링, 아산시 청소년 유해환경 감시단, 1388 청소년지원단으로 활동하며 사회에 기여하고 있다.

2025년에는 더 많은 교육 대상자를 만나 경험을 나누려고 한다. 누군가의 꿈을 찾는 길에 등대 같은 존재이길 원한다. 그리고 이렇게 말하고 싶다. "당신은 충분히 잘하고 있습니다. 그리고 앞으로 더 잘 할 수 있습니다"

평소지금 걷지 않으면 내일은 뛰어야 한다라는 말을 좋아한다. 이 말을 기반 삼아 미래를 위해 꾸준히 걸어왔다. 보육교사, 청소년지도사, 사회복지사, 요양보호사 등 사회복지 관련 자격을 취득하며 하고 싶은 일의 선택지를 넓혀왔다. 생각해 보면, 하루도 허투루 보낸

적이 없다. 할 수 있는 공부를 늘 찾고, 누군가를 도와줄 방법을 항상 생각했다. 열심히 걸어온 덕분에 지금 다양한 분야에서 일하게 되었다. 결국, 최선을 다한 하루가 쌓여 인생이 된다.

아낌없이 주는 나무

•

윤현호

모든 사람은 자기 분야에서 최선을 다해 살아간다. 나 또한 주어진 환경에서 앞만 보고 달려왔다. 때로는 지나온 발자취를 보며 위안도 받고 스스로 잘했다고 격려도 해 준다. 특히 자기 계발을 하면서 생긴 가장 큰 변화는 도전 정신과 위축되지 않는 마음이다. 무엇이든지 계획하고 찾아보고 실행해 본다.

두각을 나타내는 사람들을 보면 이미 늦은 것 같은 속상함이 든다. 순간 잘 해낼 수 있을까 하는 두려움도 찾아온다. 그래도 다시 마음을 다잡고 일어난다. '끝까지 해 보지, 나라고 못 하겠어?' 이런 마음으로 한다. 새로운 방법을 찾는 게 나의 장점이다. 나의 자기 계발은 진행형이다. 환갑을 바라보는 나이지만 관심 있는 분야에 계속 도전하고 있다. 남편은 뭘 그리 열심히 사느냐고 말한다. 시간만 나면 컴퓨터 앞에 앉아 있고 일한다고 돌아다니는 내가 이해가 가지 않는 모양이다. 나는 아직도 하고 싶은 일이 많은데 말이다.

자기 계발을 통해 군대 강의를 하게 되었다. 한국창의인성교육연구원에서 군인성 강사교육을 취득한 것이 기회가 되었다. 수료 후 바로 군부대 현장에서 활동했다. 주로 인천이나 파주, 용인 지역 위주로 다녔다. 군인이 되고 싶었던 꿈을 이렇게라도 이루고 싶었다. 보통 3일 정도 진행한다. 군인들에게 필요한 7가지 덕목을 위주로 구성한다. 창의, 용기, 책임, 존중, 협력, 충성, 정의로 이루어진다. 기관마다 프로그램은 조금씩 다르지만, 7가지 덕목이 나오는 것은 모두 동일하다. 하루 8시간 종일 교육이다. 다리가 아플 때도 있고, 가끔 지칠 때도 있지만 군인들에게 힘이 되는 일이라 계속하고 있다.

대한군상담학회를 통해 강원도에 있는 군부대에서 자살예방교육과 웃음치료강의를 했다. 양주에 있는 부대에서는 DICS검사 프로그램을 진행하기도 했다.

목사가 되면서 한국군선교연합회에서 군 선교사로 12주 교육을 받았다. 이로 인해 군에 있는 교회를 맡게 되었다. 매주 일요일 목회 활동을 하고 있다. 여기서 만난 군인들을 위한 상담도 병행하고 있다.

하루는 예배 시간이 끝나자, 한 용사가 찾아왔다. 여러 가지로 적응이 힘들다고 했다. 말이 끝날 때까지 끊지 않고 들어주었다. 가족 문제도 있었고, 여자 친구의 이별 통보도 있었다. 그렇게 매주 만났다. 들어주는 사람이 있는 것만으로도 많은 위로가 된다고 말했다. 처음 만날 때보다 많이 밝아진 모습에 안심이 되었다. 전역 후에도 가끔 안부 전화를 한다.

군대 관련 공부를 하지 않았다면 전혀 몰랐을 세상이다. 민간인이 군사 지역을 자유롭게 갈 수 없다. 군 인성 강사인 덕분에 일반 사람이 볼 수 없는 곳에서 많은 경험을 하고 있다.

　병원에서도 목회 활동과 상담을 하고 있다. 강남세브란스는 기독교 병원이다. '원목실'이라는 곳에서 근무한다. 목사들이 매일 오전 10시에 예배를 인도하고 수술하러 가는 환자를 위해 기도해 준다. 병실마다 찾아가서 기도도 하고 고충을 들어주기도 한다. 목사가 되면서 자연스럽게 나도 지원하게 되었다. 이력서와 면접을 통해 합격했다. 아픈 사람을 위해 살고 싶었던 꿈을 이루는 순간이었다. 그때부터 환자들을 만났다.
　기억에 남는 환자가 있다. 30대 초반 미혼 여성이었다. 위암 말기였다. 위암 판정을 받은 지 3주 만에 나를 만났다. 세상을 많이 원망하고 있었다. 그녀의 부모도 많이 힘들어하고 있었다. 말로는 어떻게 위로해 줄 수가 없었다. 출근하는 날이면 매일 병실로 찾아갔다. 마음을 다해 기도해 주었다. 손을 잡고 곁에 있어 주었다. 더는 항암치료를 할 수 없는 상황이 되었다. 스스로 일어나지 못하는 정도였다. 밖에 나가 하늘을 한 번이라도 보고 싶다고 했다. 겨우 휠체어에 의지해 잠시 짧은 외출을 했었다. 그로부터 일주일 후, 세상과 이별했다. 마지막 순간에 그녀가 나를 찾았다. 숨을 다할 때까지 그녀 옆에 묵묵히 있어 주었다. 힘겨운 목소리로 고마웠다는 말을 전했다. 그리고는 바로 눈을 감았다.
　또 한 사람은 캐나다에서 온 60대 여성이었다. 췌장암 말기였다.

우선 항암치료를 했다. 의료진들은 두 달밖에 살 수 없다고 했다. 가장 절망적일 때 나를 만났다. 삶에 대한 희망을 놓지 않고 있었다. 그런데 시간이 갈수록 살이 빠지고 체력이 약해지기 시작했다. 캐나다 집으로 돌아가는 게 소원이라고 했다. 캐나다에서 사업을 하는 남편이 늘 간호해주었다. 한국에 있는 큰언니가 매일 와서 돌봐주기도 했다. 항암을 열심히 한 덕분에, 잠시 몸이 좋아지는 구간이 생겼다. 비행기를 탈 수 있을 정도의 체력이 생겼다. 그때 남편과 캐나다로 바로 출국했다. 가끔 그녀와 문자나 전화를 주고받고 있다. 벌써 5년이 지난 지금도 건강하게 살아가고 있다. 그때 매일 찾아와줘서 큰 힘이 되었었다고 말하고는 했다. 그녀의 진심 어린 말에 일하는 보람을 느꼈다. 한국에 있는 언니도 가끔 전화해서 고마움을 전한다.

자연스럽게 웰다잉, 웰라이프 공부도 하게 되었다. 꾸준히 아픈 사람들을 만나면서 힘이 되려고 노력하고 있다. 공부하지 않았다면 만나지 못했을 경험이다. 자기 계발이 얼마나 중요한지 또 한 번 실감한다.

강의 분야를 확대했다. 국민강사교육협회를 통해 다양한 자격을 취득했다. 법정의무교육, 인권교육, 노인일자리 교육 등 다양하다.

얼마 전에는 기업에서 법정의무교육을 했다. 안양에 있는 자동차 부품 관련 회사였다. 자료 준비하면서 설레기도 하고 걱정이 되었다. 오전 11시부터 시작했다. 대상자는 10명 정도였다. 남성이 조금 더 많았다. 주로 50대가 많았다. 인원이 적어서 생각만큼 떨리지는 않았다. 오히려 대화하듯 강의할 수 있어서 좋았다. 개인정보보호교육과 직장내성희롱예방교육을 주로 진행했다. 준비를 꼼꼼하게 한 덕분에 무리 없이 마칠 수 있었다. 강의 분야가 넓어진 듯해서 좋았다. 이후에도 기업에서 강의할 기회가 생겼다. 경험이 쌓일수록 자신감이 생겼다. 수백 명 대상자 앞에서도 떨지 않고 할 수 있었다.

성남에 있는 노인복지관에서 노인일자리 참여자 대상으로 강의한 적도 있다. 주제는 금융사기 예방이었다. 복지관 직원들은 친절했다. 오후 2시에 시작하는 강의였다. 미리 와있는 분들도 많았다. 대부분 70대 이상 어르신들이었다. 인원이 200명 정도 되었다. 여자 어르신들이 조금 더 많았다. 시작하기 전부터 부담 없이 다가와 주었다. 덕분에 긴장했던 마음이 조금씩 사라졌다. 강의를 시작하자 질문에 대답도 적극적으로 해 주는 어르신이 많았다. 무엇보다 작은 것 하나에도 잘 웃었다. 2시간 교육이 금방 끝났다. 마치고 가면서도 다시 왔으면 좋겠다는 인사를 했다. 그 말이 큰 힘이 되었다. 노인 일자리 교육을 잘 시작했다는 생각이 들었다.

강의 분야를 더 확장하지 않고 하던 것만 했다면 이런 강의를 하지 못했을 것이다. 배울수록 참 다양한 분야가 있다는 것을 느낀다.

자기 계발 없이 안주하며 살았다면 나만 보고 살았을 것이다. 목표에 대한 성과, 그로 인한 수입이 전부가 아니라는 걸 알았다. 배운 것을 타인과 함께 공유하며 세상을 유익하게 하는 길이 자기 계발이었다.

나의 좌우명은 '아낌없이 주는 나무'이다. 내게 있는 작은 능력 하나라도 나눠줄 수만 있다면 그것으로 충분하다.

지난 시간을 되돌아보면 내 삶에 많은 변화가 있었다. 언젠가 지금보다 더 공헌하는 사람이 되어 있을 것이다. 도전하는 만큼 세상은 새로운 곳을 보여준다. 나의 세상은 여전히 진행 중이다.

보이지 않아도
나는 반짝반짝 빛나는 별이다

•

전수은

자기 계발을 한다고 해서 극적으로 변화가 생기지는 않는다. 자기 계발은 흰 도화지에 점을 찍는 일이라고 생각한다. 수많은 점을 찍다 보면 어느 위치에서 점을 연결해도 원하는 별을 만들 수 있는 때가 온다. 연결할 수 있는 점들이 많을수록 다양한 모양을 만들 수 있다.

스타트업이었던 회사는 5년도 안 돼서 매출 140억이 넘는 탄탄한 회사가 되었다. 인력사업부가 성장하면서 직원 수가 500명 넘게 늘어나고 사무실도 크게 이전했다. 회사만 커진 게 아니었다. 산업안전기사, 경비지도사, 강사, 위험성 평가 컨설턴트, 글쓰기 수업 등록 등 개인적인 발전도 많이 했다. 회사에서 시키는 일만 하는 것에 만족하지 않고, 끊임없이 자기 계발을 해왔다. 담당하던 업무와 관련이 없어 보이던 내 노력의 점들이 모이니 연결되기 시작했다.

어제보다 나은 나를 위하여

입사 때는 교육부서에서 온라인 교육만 진행하고 있던 회사였다. 내가 강사를 시작하면서 오프라인 강의도 가능한 교육원이 되었다. 강의 문의가 회사로 들어오면 강사협회 강사님들을 연결해서 진행할 수 있게 되었다. 전국으로 강사님 배정이 가능한 교육원이다. 자연스럽게 온라인 교육만 진행하기 힘든 업체들도 영업할 수 있게 되었다. 중대재해처벌법이 통과되면서 기업들의 안전에 대한 관심이 크게 늘어났다. 산업안전기사 자격증과 위험성 평가 컨설턴트를 활용할 수 있는 기회가 온 것이다. 기업들은 회사에 존재하는 위험도를 분석하고, 그에 따라 위험성 평가라는 것을 해 두어야 한다. 이때 문서화시켜 두는 것이 중요하다. 법은 통과되었는데 실무를 모르는 기업들은 해당 업무를 컨설팅 기관에 맡기는 경우가 많다.

교육사업과 연계해 위험성 평가 컨설팅업을 시작하였다. 온라인교육에서 오프라인 강의가 가능한 교육원으로, 거기에 위험성 평가 컨설팅까지 사업 분야를 확대할 수 있었다. 안전 분야 전문의 교육원으로 성장하게 되었다. 회사의 직원 수가 500명이 넘으면서 안전관리자를 선임해야 했다. 안전관리자로 선임될 수 있는 자격은 법적으로 정해져 있다. 자격증이 있거나 안전 분야에서 근무한 경력이 있어야 한다. 산업안전기사 자격증이 있었던 내가 선임되었다. 직접 안전관리자의 실무를 해보면서 어떤 부분이 어려운지 느낄 수 있었다. 담당자들이 겪는 어려움에 공감하며 이런 부분들 위주로 컨설팅을 해주었다.

보유하고 있는 경비지도사 자격증은 회사 내 인력사업부와 협업

할 수 있게 했다. 인력사업부에서는 아파트나 건물 등에 경비원과 미화원들을 배치하는 일을 한다. 이때 법적으로 경비원들의 수에 따라 경비지도사 자격증이 있는 사람을 선임해야 한다. 200명까지는 경비지도사 1명이 필요하다. 100명씩 늘어날 때마다 1명을 추가로 선임해야 한다. 이것 때문에 경비지도사 자격증에 도전하게 되었다. 2년 만에 겨우 취득할 수 있었다. 덕분에 회사의 경비지도사로 선임되었다. 경비지도사들의 실무를 교육할 수 있는 기회가 생겼다. 실무에 대해서는 알려주는 곳이 없다. 책에서 공부한 거랑 실무는 다르다. 그래서 많은 경비지도사가 초반에 어려움을 겪는다. 현지 경비지도사가 필요한 부분만 중점적으로 교육해 주니 반응이 좋다.

회사 내에서나 외부에서 활동할 수 있는 분야가 많아졌다. 내가 찍어둔 점들을 이리저리로 연결해 다양한 별을 만들 수 있게 된 것이다.

글쓰기 수업에 등록한 것은 책을 쓰기 위해서가 아니었다. 처음엔 부족한 부분을 배우려고 시작했었다.

어휘력과 문장력을 키우고 싶어서 큰돈을 내고 등록했다. 매주 수요일 저녁 9시부터 온라인으로 수업을 한다.

등록한 지 일주일만에 코치님이 공동 저서에 참여해 보라는 제안을 했다. 작가 10명이 한 권의 책을 내는 것이다. 책이랑은 친하지 않고 문법과 어휘력이 초등학생 수준이었다. 수업에서 아직 배운 게 없는데 할 수 있을까 싶었다. 괜히 시작했다가 다른 작가님들에게 피해가 될 거 같아서 망설였다. 며칠 동안 고민하다가 못해도 해보자는 마음으로 시작했다. 수업만 듣는 것보다는 직접 책을 쓰면서 배울 수 있는 게 크다고 생각했다. 글쓰기 수업을 통해 서점에서 팔리는 책을 내게 될 줄은 몰랐다. 글쓰기를 통해서 맞춤법도 배우고 있다. 가령, '나중에 뵈요'라고 썼는데 '나중에 봬요'가 맞는다는 것을 알고 놀랐던 적이 있다. 그 외에도 잘못 쓰는 표현이 많았다. 조금씩 배워가고 있다.

책을 쓰는 일 말고도 변화된 일들이 있다. 책을 전혀 읽지 않던 내가 독서를 시작한 것이다. 또 도서관에서 책을 빌려서만 읽다가 좋은 책들을 사기도 한다. 아침에 출근하기 전, 최소 몇 장이라고 읽으려고 하고 있다. 많이 읽지는 못하지만, 읽고 나면 확실히 마음 수양이 되는 것을 느낀다.

성격적인 부분에서도 변화가 있었다. 낯가림이 심하고, 극 내향적이었다. 관심받는 것도 싫어했다. 처음 만나는 사람들과 대화하는 게 불편했다. 어떤 말로 대화를 해야 할지 어색하고 숨 막혔다. 발표 공포증도 심했다. 몇 년 전 산업안전공단에서 안전교육 사내강사 과정을 수강했다. 개인별로 10분씩 발표를 해야 했다. 내 순서를 기다리는 동안은 괜찮았는데 막상 내 차례가 되어 사람들 앞에 서자 눈물이 왈칵 쏟아졌다. 나를 향하는 낯선 사람들의 시선이 공포감으로 느껴졌다. 그랬던 내가 이제 사람들 앞에서 말도 잘하고 울지도 않는다. 많은 사람을 만나면서 비즈니스 매너와 처세술이 늘었다. 전보다 사람들 상대하는 것이 편해졌다. 한 번은 깐깐한 거래업체 부장님과 통화할 일이 있었다. 왠지 꺼려지는 상대였다. 질문에 대답하지 못할까 봐 늘 노심초사했다. 평소대로 이야기를 마치고 전화를 끊었다. 우연히 이 모습을 보게 된 대표님이 전보다 많이 늘었다며 칭찬해 주었다. 그때 내가 많이 성장했다는 것을 느꼈다.

이런 변화들은 우연이 아니다. 내 도화지에 자기 계발이라는 점들을 찍었기 때문에 가능한 일이었다. 자기 계발에는 끝이 없는 것 같다. 체력적으로 힘이 들 때도 많다. 왜 사서 고생할까 싶을 때도 있다. 평범한 회사원이었던 나에게는 회사와 집이 다였다. 내가 볼 수 있는 세상이 좁았다. 자기 계발을 통해 다른 분야를 알게 되었고 더 넓은 시야를 가질 수 있었다. 신기하게도 자기 계발을 하면 할수록 더 많은 일에 도전하고 싶어졌다.

우리는 반짝반짝 빛나는 별이다. 누구나 다 빛나고 있다. 밤하늘이 어두울수록 별은 더욱 빛난다. 40대, 50대가 되면 내 인생 도화지에 더 많은 점이 찍혀있을 것이다. 그때는 어떤 별들을 만들 수 있을지 설렌다.

어제보다 나은 나를 위하여

김
경
우

"천천히 가되 멈추지만 말자"라는 말은 삶의 여정에서 속도
를 조절하면서 계속해서 나아가야 한다는 의미로. 살면서
어려운 상황에 맞닥뜨리면 두려움이 앞선다. 그런데도 두
렵지만 하다 보면 어느새 해내고 있는 나를 발견한다. 인생
이 그렇다. 풀리지 않는 실타래를 보면서 미리 걱정하고 미
리 염려하고 미리 포기하지 않았으면 좋겠다. 포기하지만
않는다면 또 다른 답을 찾을 수 있을테니 말이다. 내가 그
렇게 했듯이 당신도 그렇게 할 수 있다는 걸 난 믿는다.

김
선
영

'어제보다 나은 나'를 향한 여정은 끝이 아니라, 매일 조금씩 성장하는 과정이다. 내가 걸어가는 길 위에서 마주하는 수많은 순간들은 나를 조금씩 다듬고, 그 안에서 진정한 나를 발견하게 한다. 하루하루의 작은 노력이 쌓여, 결국 우리는 큰 변화를 이뤄낸다. 그 과정은 언제나 완벽하진 않지만, 그것이 우리를 더욱 강하게 만들며 성장의 길로 이끌어 준다. 글을 쓰면서 나 자신을 이해하고, 내 삶을 더욱 풍요롭게 만들었다. 이 책이 여러분에게 변화의 시작점이 되기를 바란다.

어제보다 나은 나를 위하여

김
용
화

미국의 발명가이자 사업가인 토머스 앨바 에디슨은 "실패
는 성공을 위한 발판일 뿐이다. 포기하지 않는 한 당신을
계속 성장할 것이다"라고 말했다. 처음에는 작은 도전조차
두려웠지만, 꾸준함이 나를 성장하게 했다. 변화를 두려워
하지 않고 도전한 결과, 지금은 강사로서 일하고 있다. 누
군가 변화에 대한 두려움을 가지고 있다면, 포기하지 말고
끝까지 꿈을 향해 도전하길 바란다.

김
진
주

지금까지 살면서 한 번도 나에 대해서 생각해 본 적이 없다. 내 주위 사람들에 대해서는 그렇게 생각하면서 정작 내 기분 하나, 나는 어떤 사람인지 몰랐다. 다른 사람보다 나를 더 모를 정도로 나에게 관심이 없었다. 아직도 나라는 사람을 완벽하게 알지는 못한다. 나에 대해 생각할 수 있는 시간을 가지게 되어서 나에게는 또 다른 인생의 전환점에 도움이 되었다. 이번 기회에 나에 대해 더 살필 수 있는 내가 되어야겠다고 생각했다.

어제보다 나은 나를 위하여

문
숙
정

나이가 들면서 더 고집스러워지고 나와 맞는 사람하고만 같이 하려 한다는 것을 깨닫고 있다. 새로운 것을 받아들이고 새로운 도전을 해야 말랑말랑한 뇌를 유지할 수 있을 거 같아서 노력 중이다. 책을 쓰는 것은 항상 새로운 도전이고 나의 모습을 반성하는 일기장을 내보이며 하는 약속이자, 더 좋은 사람으로서 삶을 더 유연하게 받아들이는 사람이 되고 싶다는 다짐이다.

손
수
연

삶의 진정한 변화는 나 자신을 위한 작은 용기에서 시작된
다. 이 책을 통해 여러분도 나와 같이 도전의 가치를 느끼
고, 잠재된 가능성을 깨우는 계기가 되기를 바란다. 스스
로의 한계를 넘어서려는 노력과 꾸준한 자기 계발은 반드
시 더 멋진 내일을 가져다줄 것이다. 함께한 이 여정이 여
러분 인생의 새로운 시작이 되었으면 한다. 지금 이 순간
부터, 더 나은 내가 되기 위한 발걸음을 내디뎌 보기를 바
란다.

어제보다 나은 나를 위하여

원
미
란

인생을 살며 무엇보다 중요한 것이 나의 내면을 살펴보는
일이다. 나를 제대로 이해하는 것이 중요하고 충분히 생각
할 시간이 필요했다. 그러나 바쁜 일상에서 쉽지만은 않았
다. 이번 공저에 참여하며 자기 계발한 나를 돌아보고 스
스로 정리하는 시간을 가지게 되었다. 그 결과, 생각이 넓
어지고 행동이 변화되는 것을 느꼈다. 감사하고 소중한 시
간이다. 앞으로도 꾸준한 자기 계발을 통하여 매일 조금씩
성장하는 나를 만들어 나갈 것이다.

유
연
옥

'오늘 걷지 않으면 내일 뛰어야 한다'는 말에 동기가 부여되어 따랐다. 어제보다 나은 오늘을 살기 위해 무던히 노력하며 살았던 날들이 주마등처럼 스쳐 지나갔다. 아직도 하고 싶은 것이 많아 늘 도전을 꿈꾸며, 나태해지지 않기 위해 시간을 쪼개 생활한 나에게 수고했다 말해주고 싶다. 앞만 보고 열심히 살아온 덕분에 누군가의 꿈을 찾는 길에 등대 같은 존재가 되어 동행할 수 있게 되었다.

힘들고 지칠 때 손잡아 주고 용기를 주는 그런 책이 되기 바라 본다.

어제보다 나은 나를 위하여

윤
현
호

이번 공저 준비는 지난 시간을 되돌아보는 계기가 되었다. '어제보다 더 나은 나를 위하여' 달려왔던 오늘의 나를 마주하면서 참 잘 살았다고 격려해 주었다. 또 다른 내일을 향해 한걸음 도약하는 나를 기대한다. 처음에는 떨리는 마음으로 시작했는데 이제 결과물이 손에 쥐여지니 가슴이 벅차다. 이 책을 접하는 누군가에게 지금이 자기 계발의 시작이 되길 응원한다. 나이는 중요하지 않다. 마음에 묻어 두었던 소망을 꺼내어 도전해 보기를 바란다. 감사드린다.

전
수
은

꿈을 찾는 중인 평범한 30대 회사원이다. 나는 대단한 능
력이 있거나 특별한 사람이 아니다. 나에게 주어진 보통의
하루를 열심히 살아가고 있을 뿐이다. 공저를 쓰면서 나라
는 사람을 돌아볼 수 있었다. 나는 자기 계발을 통해 꽤 괜
찮은 사람이 되어 가는 중이다. 이 글을 읽는 나와 같은 사
람들에게 말해주고 싶다. 무엇이든 반복하면 습관이 되고,
내 습관들은 10년 뒤 나를 만들어 줄 것이다. 달라지고 싶
다면 시자하면 된다. 어러분들의 꿈을 응원한다.

어제보다 나은 나를 위하여